SAMMLUNG SONDERBARER GESCHICHTEN

OPUSCULA

9

In der Reihe OPUSCULA sind bisher erschienen:

Bd. 1: Julian Apostata: Rede zu Ehren der Kaiserin Eusebia (2021)
ISBN 978-3939526-44-5

Bd. 2: Symeon Seth: Fabelbuch (2021)
ISBN 978-3-939526-46-9

Bd. 3: Periplus Maris Erythraei (2021)
ISBN 978-3-939526-47-6

Bd. 4: Plutarch: De fluviis (2022)
ISBN 978-3-939526-50-6

Bd. 5: Arrianos / Anonymus: Periplus Ponti Euxini (2022)
ISBN 978-3-939526-51-3

Bd. 6: Plutarch, Freunde und Feinde (2023)
ISBN 978-3-939526-53-7

Bd. 7: Cassius Iatrosophista, Fragen und Antworten zur Medizin (2023)
ISBN 978-3-939526-55-1

Bd. 8: Apuleius, Amor und Psyche (2023)
ISBN 978-3-939526-56-8

ANTIGONOS VON KARYSTOS

SAMMLUNG SONDERBARER GESCHICHTEN

ΙΣΤΟΡΙΩΝ ΠΑΡΑΔΟΞΩΝ ΣΥΝΑΓΩΓΗ

Zweisprachige Ausgabe
von Kai Brodersen

Kartoffeldruck-Verlag
Speyer 2023

Für Stefan von der Lahr

Bibliografische Information der Deutschen Nationalbibliothek

Die Deutsche Nationalbibliothek verzeichnet diese Publikation in der Deutschen Nationalbibliografie; detaillierte bibliografische Daten sind im Internet über http://dnb.d-nb.de abrufbar.

Der Kartoffeldruck-Verlag publiziert zum reinen Selbstkostenpreis Bücher, die in jeder Buchhandlung bestellt werden können – insbesondere für Expertinnen und Experten in Altertumswissenschaft und Schule.

2023

www.kartoffeldruck-verlag.de
ISBN 978-3-939526-57-5

Inhaltsverzeichnis

Einführung

Sollen Bücher wie dieses »in die ecke fliegen«?

> was nun dies mit wenig mühe und wenig sorgfalt zusammengestoppelte buch hier anlangt, ... so steht es ja einem jeden frei, es zu verachten, seines verfassers und seiner zeit für unwürdig zu halten. ... compilationen, so dürftig sie sind, kommen einem allseitig gefühlten bedürfniss entgegen, wenn die allgemeine bildung grassiert. diese compilation ist eine recht dürftige, aber um so weiter war der kreis, der für sie empfänglich war: wäre sie reicher gewesen, so würden wir sie nicht besitzen. als vertreter ihrer gattung ist sie für die litteratur des dritten jahrhunderts sehr wertvoll, wenn ein gelehrter sie damals auch unmutig in die ecke geworfen haben wird. wenn wir aber dem Kallimachos seine dicken bände excerpte verzeihen, so hat ein mann weitaus geringeren schlages, der noch dazu gar nicht einmal schriftsteller von beruf ist, erst recht anspruch, nicht nach einem massstab gemessen zu werden, der an und für sich berechtigt, gleichwol unwissenschaftlich, weil unhistorisch ist. den absoluten massstab wollen wir auch anwenden: aber an unserer zeit, und erbarmungslos mögen bücher, die vor ihm so schlecht bestehen wie dies Wunderbuch, in die ecke fliegen.

So urteilte der große Philologe Ulrich von Wilamowitz-Moellendorff (1848–1931), seinerzeit Professor an der Universität Greifswald (und lebenslang Verfechter der Kleinschreibung im Deutschen), 1881 über die unter dem Namen des Antigonos von Karystos überlieferte *Sammlung sonderbarer Geschichten*, die im vorliegenden Bändchen präsentiert wird. Nach moderner Auffassung sei der Wert des Werks zwar gering, doch sei es im 3. Jahrhundert v. Chr. bei einem allgemein gebildeten Lesepublikum (nicht aber bei Gelehrten) auf Interesse gestoßen und deshalb erhalten geblieben – anders als andere, heute die bis auf Fragmente verlorene gelehrte Exzerpte.

Im 2. Jahrhundert n. Chr. konnte man jedenfalls Sammlungen sonderbarer Geschichten von zweifelhaftem Wert finden. Der lateinische Gelehrte Aulus Gellius schreibt:

> Als ich von Griechenland nach Italien zurückkehrte und nach Brundisium (Brindisi) kam, schlenderte ich nach dem Ausschiffen in jenem berühmten Hafen umher. … Dort sah ich einige Bücherbündel zum Verkauf ausgestellt und ich eilte sogleich zu ihnen. Alle diese Bücher waren auf Griechisch und enthielten unerhörte und unglaubliche Dinge (*res inauditae incredulae*), aber die Autoren waren alt und von nicht geringer Autorität: Aristeas von Prokonnesos, Isigonos von Nikaia, Ktesias, Onesikritos, Philostephanos und Hegesias. Die Bücher selbst waren jedoch durch lange Vernachlässigung verschmutzt, in schlechtem Zustand und unansehnlich. Dennoch näherte ich mich ihnen und erkundigte mich nach dem Preis; dann kaufte ich, angelockt durch ihre außergewöhnliche und unerwartete Billigkeit, eine große Anzahl von ihnen für eine kleine Summe und las sie im Laufe der nächsten zwei Nächte in aller Eile durch. Während der Lektüre entnahm ich ihnen einige Dinge, die bemerkenswert und von unseren einheimischen (römischen) Schriftstellern größtenteils unerwähnt geblieben waren.
>
> (Aulus Gellius, *Noctes Atticae* 9,4,1–5)

Es ist also durchaus denkbar, dass im 2. Jahrhundert n. Chr. auch ein unter dem Namen des »alten«, nämlich fast ein halbes Jahrtausend zuvor im 3. Jahrhundert v. Chr. tätigen Antigonos von Karystos umlaufendes Wunderbuch seinerzeit zu haben war, wenn vielleicht auch »durch lange Vernachlässigung verschmutzt, in schlechtem Zustand und unansehnlich«. Tatsächlich bietet die bis heute – freilich nur durch eine einzige Abschrift (s. u.) – bewahrte *Sammlung sonderbarer Geschichten* vielerlei »unerhörte und unglaubliche« Dinge. Gelehrtere Werke zu *Paradoxa*, wie etwa das des berühmte Dichters, Gelehrten und Bibliothekars Kallimachos von Kyrene (um 305 – um 240 v. Chr.) in Alexandria, sind hingegen verloren.

Freilich ist das hier präsentierte Werk inhaltlich nicht ausgefeilt, sondern eine wenig systematische Sammlung von Angaben zu Wundern, die älterer Literatur entnommen sind. Durch den Inhalt und durch auktoriale Hinweise lassen sich (mit Köpke 1862, 7–9) immerhin fünf Abschnitte unterscheiden:

1–26 geben vermischte Auszüge vor allem zur Naturkunde wieder,
26–60 bieten Auszüge aus Aristoteles' *Tierkunde*, Buch 9,
60–115 präsentieren eine Auswahl aus demselben Werk, und zwar aus den Büchern 1–5, 8, 6, 9 und 7 (nicht aber 10),
116–129 bieten erneut vermischte Auszüge und
129–173 Auszüge aus Kallimachos' *Paradoxa*.

Während uns Aristoteles' *Tierkunde* erhalten ist und den direkten Vergleich der Vorlage mit dem Exzerpt ermöglicht, sind, wie gesagt, von Kallimachos' *Paradoxa* und den vielen anderen angeführten Werken allenfalls Fragmente erhalten. Ja, ein Werk wie das vorliegende ermöglicht überhaupt erst, einen kleinen Blick in diese uns sonst weitgehend verschlossene Welt der antiken *Paradoxa* zu werfen.

Die Überlieferung des Werks

Dass wir überhaupt antike Literatur lesen können, verdanken wir in fast allen Fällen allein wiederholten Abschriften, an deren Endpunkt (mindestens) ein erhaltener *Codex* steht, also zu einem Buch zusammengebundene und erhaltene Pergament-Blätter (*folia*). Im Laufe der Jahrhunderte immer wieder abgeschrieben wurde nur ein kleiner Teil der antiken Literatur.

Umso wichtiger für die *Paradoxa* ist deshalb ein *Codex*, der eine ganze Reihe sonst verlorener Werke überliefert: der *Codex Palatinus graecus* 398. Diese im 9./10. Jahrhundert n. Chr. in Konstantinopel (Istanbul) entstandene Handschrift ist später in Basel und dann bis ins 17. Jahrhundert in der *Bibliotheca Palatina* in Heidelberg nachgewiesen. Im Dreißigjährigen Krieg

(1618–1648) wurde der *Codex* jedoch nach Rom verbracht und von dort unter Napoleon am Ende des 18. Jahrhunderts nach Paris; 1816 kam er nach Heidelberg zurück und wird dort heute in der Universitätsbibliothek aufbewahrt.

Der *Codex Palatinus graecus* 398 bietet insgesamt 18 antike Texte und ist für nicht wenige davon das einzige erhaltene Zeugnis. In der nachstehenden Liste angegeben ist jeweils das *folium*, auf dem ein Text beginnt bzw. endet (*r* für *recto* bezieht sich dabei auf die Vorder-, *v* für *verso* auf die Rückseite) und der jeweils übliche latinisierte Autorname und Titel:

1*r*–10*v*:	Leerseiten
11*r*–16*v*:	Ps.-Arrianus, *Periplus Ponti Euxini* (ab 71)
17*r*–30*r*:	Arrianus, *Cynegeticus*
30*v*–40*r*:	Arrianus, *Periplus Ponti Euxini*
40*v*–54*v*:	Ps.-Arrianus, *Periplus Ponti Erythraei*
55*r*–56*r*:	Hanno Carthagiensis, *Periplus*
56*v*–59*v*:	Ps.-Philo Byzantius, *De septem orbis spectaculis*
60*r*–156*v*:	*Chrestomathia* ex libris geographicis Strabonis
157*r*–173*r*:	Ps.-Plutarchus, *De fluviis*
173*v*–188*v*:	Parthenius, *Narrationes amatoriae*
189*r*–208*v*:	Antoninus Liberalis, *Transformationum congeries*
209*r*–215*v*:	Hesychius Milesius, *Res patriae Constantinopoleos*
216*r*–236*r*:	Phlegon Trallianus, *Mirabilia*
236v–243*r*:	Apollonius, *Historiae mirabiles*
243*v*–261*v*:	Ps.-Antigonus Carystius, *Historiae mirabiles*
262*r*–282*v*:	Ps.-Hippocrates, *Epistulae*
283*r*–302*r*:	Ps.-Themistocles, *Epistulae*
302*v*–321*v*:	Ps.-Diogenes, *Epistulae*
322*r*–331*r*:	Ps.-Brutus, *Epistulae*
331*v*–333*v*:	Leerseiten

Der *Codex* bietet also zunächst eine Reihe von Werken, die dem Lucius Flavius Arrianos (um 85/86 – nach 145/46 n. Chr.), einem griechischsprachigen römischen Politiker, Philosophen und Geschichtsschreiber aus Nikomedeia (heute Izmit in der Türkei) im nordkleinasiatischen Bithynien zugeschrieben sind: den pseudepigraphen (also dem Arrianos fälsch-

+ ἈΝΤΙΓΌΝΟΥ ἹΣΤΟΡΙΩ͂Ν
ΠΑΡΑΔΌΞΩΝ ΣΥΝΑΓΩΓΉ +

α Τίμαιος ὁ τὰς σικελικὰς ἱστορίας συγγεγραφὼς φησὶ τῆς ῥηγίνης καὶ τοὺς
λοκροὺς καὶ τοὺς ῥηγίνους ὁρίζοντος ἄληκος καλουμένου ποταμοῦ.
τῶν τεττίγων, τοὺς μὲν ἐν τῇ λοκρικῇ,
ᾄδειν, τοὺς δὲ ἐν τῇ ῥηγίνων ἀφώνους
εἶναι. λέγεσθαι δ' αἰτίαν τούτου μυθῶδες ἕτερον·
ἀφικομένων γὰρ εἰς δελφοὺς κιθα-
ρῳδῶν· ἀρίστωνος μὲν τοῦ ῥηγίνου· παρὰ δὲ λοκρῶν εὐνόμου· καὶ περὶ τοῦ
κλήρου πρὸς ἑαυτοὺς ἐς ἀντιλογίαν
ἐλθόντων· ὁ μὲν οὖν κιθαρῳδὸς ἐπα-
τοῦσθαι τῆς ὁ μὲν ῥηγίνων ἀποικίας εἶναι δελφῶν καὶ παρ' αὐτοῦ θεοῦ γε-
γενημένης· ὁ δὲ κατὰ τὴν ἐσχάτην ὅτι τὸ
παρ' αὐτοῖς οὐδὲ κιθαρῳδεῖν καθόλι-
κά· παρ' οἷς οὐδ' οἱ τέττιγες ᾄδουσιν.
ἀλήθειαν ... τοῦ ῥηγίνου
ἐπὶ τῷ ἀγῶνι ἐνίκησεν ὁ εὔνομος ὁ λοκρός·
παρὰ ταύτην αἰτίαν. ἄλλο γνώριμον αὐτοῦ.
μεταξὺ τέττιξ ἐπὶ τὴν λύραν ἐπικαθίσας·
ἦδεν. ... παρὰ ἀγῶνα ἐπιστήσ-
ας ἐπὶ τῷ γεγονότι. καὶ ἐκεῖ ἀναθεῖναι·
β καὶ ἄλλο δὲ παρὰ τοῖς ῥηγίνοις τοιοῦτον μυθολογεῖται· ὅτι ἡρακλῆς
κλῆς ἐπὶ τῆς χώρας κατα-
κοιμηθείς· καὶ ἐνοχλούμενος ὑπὸ
τῶν τεττίγων· εὔξαιτο αὐτοὺς ἀφώ-
γ νους γενέσθαι· καὶ ἐν κεφαλληνίαι
δὲ ποταμὸς διαρρεῖ· καὶ ἐπὶ τάδε
μὲν γίνονται τέττιγες· ἐπὶ δὲ
δ οὔ· οὐδ' ἐν σερίφῳ δὲ οἱ βάτραχοι
φθέγγονται· καὶ μυθολογεῖται, καὶ παρὰ

lich zugeschriebenen) *Periplus Ponti Euxini* (Umfahrung des Schwarzen Meeres), Arrianos' Buch über Jagd und Jagdhunde (*Kynegetikos*) sowie seinen *Periplus Ponti Euxini* und den wiederum pseudepigraphen *Periplus Ponti Erythraei*, auf den noch der *Periplus* des Karthagers Hanno folgt.

Nach diesen vier geographischen Schriften und dem Jagdbuch bietet der *Codex* dann den *Reiseführer zu den Sieben Weltwundern* unter dem Namen des Philon von Byzantion, eine Auswahl aus den (anderweitig ganz erhaltenen) *Geographika* des Strabon von Amaseia sowie am Ende dieser überwiegend geographischen Werke das dem Plutarchos zugeschriebene Buch *De fluviis*. Dieses steht an einer Schnittstelle zu mythographischen Schriften: Mit den *Liebesleiden* des Parthenios und den *Metamorphosen* des Antoninus Liberalis folgen ihm nämlich zwei Texte zur antiken Mythologie, sodann die *Patria Konstantinopoleos* des Hesychios von Miletos, das *Buch der Wunder* des Phlegon von Tralleis sowie die Wundergeschichten des Apollonios und eben des Antigonos (deren erste Seite, fol. 243v, ist hier auf S. 11 abgebildeten). Den Abschluss machen die romanhaften *Briefe*, die angeblich Hippokrates, Themistokles, Diogenes und Brutus verfasst haben.

Der *Codex Palatinus* ist also eine typische »Sammelhandschrift« mit Texten, die offenbar grob nach thematischen Kriterien (Geographie, Mythologie, Wundergeschichten, Briefe) zusammengestellt wurden und sich nicht selten als pseudepigraph, also als ihren angeblichen Autoren nur zugeschrieben erweisen. Die meisten dieser Werke sind nur auf diese Weise erhalten.

Im Lauf der Zeit gingen von den ursprünglich etwa 390 *folia* dieses *Codex* einige verloren (deshalb fehlen bei Antigonos von Karystos die letzte Seite oder die letzten Seiten). Zwar war im frühen 14. Jahrhundert der seinerzeit wohl noch vollständige *Codex Palatinus* vermutlich ebenfalls in Konstantinopel erneut abgeschrieben worden; etwa zwei Jahrhunderte später ist diese Abschrift im Vatopedi-Kloster auf dem Berg Athos belegt (*Codex Vatopedinus* 655). 1852 erwarb (oder stahl) der Handschriftenhändler (und -fälscher) Konstantinos Simonides dort mehrere *folia* dieses *Codex* und verkaufte manche davon im Jahr darauf an die British Library in London (wo diese Blätter seither als *Add MS* 19391 bewahrt werden); andere gingen später in den Besitz der Bibliothèque Nationale in Paris über (*Codex suppl. gr.* 443A). Die so erhaltenen Teile dieser Abschrift umfassen aber nicht das hier präsentierte Werk, so dass uns nur der *Codex Palatinus graecus* 398 den Text überliefert. Ein Digitalisat der Universitätsbibliothek Heidelberg (s. u. S. 18) hat die Arbeit an diesen Bändchen wesentlich erleichtert.

Druckausgaben des Werks

Die erste Druckausgabe brachte 1568 der aus Augsburg stammende (und sich deshalb als *Augustanus* bezeichnende), seinerzeit in Heidelberg tätige Humanist Guilielmus (Guilhelmus) Xylander (Wilhelm Holzman, 1532–1576) heraus (die erste Seite seiner Edition ist auf S. 14 abgebildet). Einflussreich waren später die Ausgaben von Anton Westermann (1839), Otto Keller (1877), Alexander Giannini (1965) und Olimpio Musso (1986), die hier im Anhang verzeichnet sind.

Die vorliegende Ausgabe folgt meist der Edition von Giannini und versucht, den Text in der Übersetzung zu erklären. Die Einteilung in Abschnitte, Kapitel und Unterkapitel ist modern. Spätere und zu tilgende Zusätze stehen im griechischen Text in eckigen Klammern, notwendige Ergänzungen in spitzen Klammern, ungeklärte Passagen sind mit einem Kreuz † markiert. In runden Klammern stehen in der Übersetzung Verweise und kurze Erläuterungen. Eine Übersetzung ins Deutsche gab es bisher nicht, ebenso wenig eine griechisch-deutsche Ausgabe.

ἈΝΤΙΓΟΝΟΥ ἹΣΤΟρίων παραδόξων συναγωγή.

Τίμαιος ὁ τὰς Σικελικὰς ἱστο- α΄
ρίας συγγεγραφὼς, ἐν Ῥηγίῳ
φησὶ τοὺς Λοκροὺς καὶ τοὺς Ῥηγίνους ὁρίζοντος Ἄληκος καλουμένου ποταμοῦ, τῶν τεττί-
γων τοὺς μὲν ἐν τῇ Λοκρικῇ ᾄδειν, τοὺς δὲ ἐν τῇ
Ῥηγίνων ἀφώνους εἶναι. Λέγεται δέ τι τούτου
μυθωδέστερον. ἀφικομένων γὰρ εἰς Δελφοὺς κιθαρῳδῶν, Ἀρίστωνος μὲν ἐκ Ῥηγίου, παρὰ δὲ
Λοκρῶν Εὐνόμου, καὶ περὶ τοῦ κλήρου πρὸς
ἑαυτοὺς εἰς ἀντιλογίαν ἐλθόντων, ὁ μὲν οὐκ ᾤετο
δεῖν ἐλαττοῦσθαι τῆς ὅλης Ῥηγίνων ἀποικίας ἐκ
Δελφῶν, καὶ παρὰ τοῦ θεοῦ γεγενημένης· ὁ δὲ
κατέτρεχεν, ὅτι τὸ παράπαν οὐδὲ κιθαρῳδεῖν
καθήκει, παρ' οἷς οὐδ' οἱ τέττιγες ᾄδουσιν. εὐημερήσαντος γ' οὖν τοῦ Ῥηγίνου ἐν τῷ ἀγῶνι, ἐνίκησεν Εὔνομος ὁ Λοκρὸς, παρὰ τοιαύτην αἰτίαν·
ᾄδοντος αὐτοῦ, μεταξὺ τέττιξ ἐπὶ τὴν λύραν
ἐπιστὰς, ᾖδεν· ἡ δὲ πανήγυρις ἀνεβόησεν ἐπὶ
τῷ γεγονότι, καὶ ἐκέλευσεν ἐᾶν. Καὶ β΄
ἄλλο δὲ παρὰ τοῖς Ῥηγίνοις τοιοῦτον, ὡς μυθικὸν
ἱστορεῖται, ὅτι Ἡρακλῆς ἔν τινι τόπῳ τῆς χώρας
κατακοιμηθεὶς, καὶ ἐνοχλούμενος ὑπὸ τῶν

θ 3 τεττί-

Antigonos von Karystos

Als Autor des Werks wird im *Codex Palatinus graecus* 398 ein Antigonos genannt. Schon Anton Westermann (1839, VI) ging davon aus, dass damit der aus anderen Zeugnissen bekannte Antigonos gemeint sei, der im 3. Jahrhundert v. Chr. belegt ist, aus Karystos auf der Insel Euboia stammte und später in Athen lebte. Dieser verfasste u. a. Arbeiten über bildende Kunst und auch Lebensbeschreibungen von Philosophen; erhalten sind daraus allerdings nur Fragmente (zuletzt gesammelt von Dorandi 1999). Vielleicht war dieser Antigonos auch als Bildhauer und Erzgießer am Hof des Attalos I. von Pergamon (269–197 v. Chr., König seit 241) tätig.

Zu dieser Identifizierung passt, was die Lokalisierung betrifft, dass das hier präsentierte Werk zweimal Karystos (18a, 84a) und einmal Euboia nennt (78); zur Datierung passend nennt es als Lehrer des Kitharoiden (Sängers zur Kithara) Timon den Aristokles (169), der laut Diogenes Laërtios (*Philosophenviten* 7,13) in der Zeit des Königs Antigonos (wohl I., um 290 v. Chr.) aktiv war, und Archelaos, der zur Zeit eines Königs Ptolemaios tätig war (19); damit mag Ptolemaios II. Philadelphos (308–246 v. Chr., König seit 285) oder dessen Sohn und Nachfolger Ptolemaios III. Euergetes (um 284–222 v. Chr., König seit 246) gemeint sein.

Allerdings ist die Zuschreibung der *Sammlung sonderbarer Geschichten* an den berühmten Antigonos von Karystos alles andere als sicher. Sie ist ja nur in einer Abschrift aus dem 9./10. Jahrhundert n. Chr. erhalten, die eine ganze Reihe anderer, den jeweils genannten Autoren kaum zu Recht zugeschriebene Werke überliefert. Damit ist es durchaus möglich, dass die *Sammlung sonderbarer Geschichten* erst ein oder mehrere Jahrhunderte nach der Lebenszeit des Antigonos von Karystos angefertigt wurde und mit der Zuschreibung an den alten Autor eine größere Autorität in Anspruch nehmen sollte (s. o.), weshalb man sogar überlegt hat, ob sie sogar erst von byzantinischen Gelehrten jener Zeit für Kaiser Konstantinos VII. Porphyrogennetos (905–959 n. Chr., Kaiser seit 913) zusammengestellt worden und von diesen dem Antigonos von Karystos zugeschrieben worden sei (so Musso 1976).

Zitate antiker Literatur im Werk

Viele der Zitate in der *Sammlung sonderbarer Geschichten* sind Werken entnommen, die uns nur in Fragmenten erhalten sind, angefangen mit Homers Epen *Ilias* und *Odyssee* aus dem 8./7. Jahrhundert v. Chr. bis hin zu den (bis auf diese und weitere Fragmente verlorenen) *Paradoxa* des Kallimachos aus dem 3. Jahrhundert v. Chr. Insgesamt werden Auszüge aus den Werken von etwa 30 Autoren geboten.

Für die herangezogenen Geschichtswerke ist die heute maßgebliche Zusammenstellung das von Felix Jacoby begründete Werk *Die Fragmente der griechischen Historiker* (FGrHist, Berlin 1923 ff. / Leiden 1940 ff.), für das als *Brills New Jacoby* auch Neuausgaben (nur) online bereits erschienen oder in Bearbeitung sind. Angeführt werden in unserer Ausgabe für jedes solche Zitat jeweils die Autor-Nummer in FGrHist und die Fragmentnummer. So verweist FGrHist 566 F 43a auf Timaios (FGrHist 566), Fragment (F) 43a. Für die anderen zitierten Werke sind im Anhang die jeweils maßgeblichen Ausgaben bzw. gute Übersetzungen ins Deutsche genannt.

Die *Sammlung sonderbarer Geschichten* zitiert dabei Prosa und Dichtung, ohne dass ein sogenanntes »prosimetrisches« Werk entstünde, bei dem die Verwendung von Versen innerhalb der Prosaumgebung notwendig ist (Bartoňková 1998/9). Auch sonst zeigt sich, dass offenbar wenig Eingriffe in die Vorlagen erfolgen: Eine Analyse des Themas des menschlichen und tierischen Wachstums etwa zeigt Unterschiede in der Herangehensweise, die aber einfach die Interessen der gewählten Quellen widerspiegeln: Beim Menschen liegt der Schwerpunkt auf der körperlichen Entwicklung, beim Tier auf der Verhaltensentwicklung (Pajón Leyra 2020).

Umgekehrt hat die in dem Werk gebotene Kontextualisierung spätere Interpretationen beeinflusst. Wie Hildebrecht Hommel zeigen konnte, wurde das im Werk (23) zitierte Gedicht des Alkman aufgrund des Kontexts in dem Werk so verstanden, als wolle der Dichter es so gut haben wie das alternde Eisvogel-Männchen, das auf dem Rücken des Weibchens über die Wogen getragen werde; tatsächlich aber lässt sich das Gedicht ohne Antigonos' Rahmung besser verstehen: als eine Bezugnahme darauf, dass er im Alter nicht mehr den Tanz der (mit Halkyonen, also Eisvogel-Weibchen verglichenen) Mädchenchöre trainieren kann. Man erkennt so ein Gedicht voll plastischer Bildhaftigkeit und leiser Wehmut (Hommel 1978).

»wenn die allgemeine bildung grassiert«

Die vorliegende Ausgabe will das vielleicht wirklich mit wenig Mühe und wenig Sorgfalt »zusammengestoppelte« Buch neu zugänglich machen und damit einen unmittelbaren Einblick in eine Literaturgattung gewähren, die sich mit sonderbaren Geschichten, eben *Paradoxa* beschäftigte und die man in der modernen Forschung deshalb als »Paradoxographie« bezeichnet. Aus den Zitaten der sonst oft verlorenen Werke wird zugleich deutlich, wie fragil die Überlieferung antiker Literatur ist und welche Bedeutung dabei auch und gerade Werken zukommt, die von keinem großem Gestaltungswillen des Autors zeugen. Immerhin kam (und, so möchte man hinzufügen, kommt), wie der eingangs zitierte Gelehrte Ulrich von Wilamowitz-Moellendorff richtig konstatierte, diese *Sammlung sonderbarer Geschichten* »einem allseitig gefühlten bedürfniss entgegen, wenn die allgemeine bildung grassiert«.

Das Digitalisat des Codex Palatinus (S. 11) wird der Universitätsbibliothek Heidelberg verdankt (https://digi.ub.uni-heidelberg.de/diglit/cpgraec398), das der Erstausgabe (S. 14) der Österreichischen Nationalbibliothek in Wien (https://onb.digital/result/10567135).

Für das Mitlesen der Korrekturen danke ich Lena Baulig und meiner lieben Frau Christiane.

Gewidmet ist das Büchlein Stefan von der Lahr, mit dem gemeinsam ich vor fast 30 Jahren eine andere Sammlung sonderbarer Geschichten – nämlich über die Sieben Weltwunder – zum Buch machen durfte. Danke!

Erfurt, im März 2023 Kai Brodersen

ΑΝΤΙΓΟΝΟΥ

ΙΣΤΟΡΙΩΝ ΠΑΡΑΔΟΞΩΝ ΣΥΝΑΓΩΓΗ

ANTIGONOS'

SAMMLUNG SONDERBARER GESCHICHTEN

1. (1) Τίμαιος ὁ τὰς Σικελικὰς ἱστορίας συγγεγραφὼς ἐν †Ῥηγίῳ† φησὶ τοὺς Λοκροὺς καὶ τοὺς Ῥηγίνους ὁρίζοντος Ἄληκος καλουμένου ποταμοῦ τῶν τεττίγων τοὺς μὲν ἐν τῇ Λοκρικῇ ᾄδειν, τοὺς δὲ ἐν τῇ Ῥηγίνων ἀφώνους εἶναι. (2) λέγεται δέ τι τούτου μυθωδέστερον· ἀφικομένων γὰρ εἰς Δελφοὺς κιθαρῳδῶν Ἀρίστωνος μὲν ἐκ Ῥηγίου, παρὰ δὲ Λοκρῶν Εὐνόμου, καὶ περὶ τοῦ κλήρου πρὸς ἑαυτοὺς εἰς ἀντιλογίαν ἐλθόντων, ὁ μὲν οὐκ ᾤετο δεῖν ἐλαττοῦσθαι, τῆς ὅλης Ῥηγίνων ἀποικίας ἐκ Δελφῶν καὶ παρὰ τοῦ θεοῦ γεγενημένης, ὁ δὲ κατέτρεχεν, ὅτι τὸ παράπαν οὐδὲ κιθαρῳδεῖν καθήκει, παρ' οἷς οὐδ' οἱ τέττιγες ᾄδουσιν. εὐημερήσαντος δ' οὖν τοῦ Ῥηγίνου ἐν τῷ ἀγῶνι ἐνίκησεν Εὔνομος ὁ Λοκρὸς παρὰ τοιαύτην αἰτίαν· ᾄδοντος αὐτοῦ μεταξὺ τέττιξ ἐπὶ τὴν λύραν ἐπιπτὰς ᾖδεν, ἡ δὲ πανήγυρις ἀνεβόησεν ἐπὶ τῷ γεγονότι καὶ ἐκέλευσεν ἐᾶν.

2. καὶ ἄλλο δὲ παρὰ τοῖς Ῥηγίνοις τοιοῦτον ὡς μυθικὸν ἱστορεῖται, ὅτι Ἡρακλῆς ἔν τινι τόπῳ τῆς χώρας κατακοιμηθεὶς καὶ ἐνοχλούμενος ὑπὸ τῶν τεττίγων ηὔξατο αὐτοὺς ἀφώνους γενέσθαι.

3. καὶ ἐν Κεφαλληνίᾳ δὲ ποταμὸς διείργει, καὶ ἐπίταδε μὲν γίνονται τέττιγες, ἐπέκεινα δὲ οὔ.

Vermischte Auszüge

1. (1) Timaios (FGrHist 566 F 43a), der die Geschichte Siziliens in †Rhegion† verfasste, sagt, dass dort, wo der Alex genannte Fluss die Grenze zwischen den Lokrern und den Rheginern bildet, die Zikaden auf der lokrischen Seite singen, dass aber die auf der Seite der Rheginer stimmlos sind. (2) Und er erzählt noch etwas Mythenhafteres als dies: Als nämlich die Kitharoiden (Sänger zur Kithara) Ariston aus Rhegion und Eunomos aus Lokroi nach Delphi kamen, stritten sie sich über die ihnen zugewiesene Auftrittsreihenfolge: Der eine meinte, er dürfe nicht die nachgeordnete Position einnehmen, da ganz Rhegion von Delphi aus besiedelt und vom Gott eingerichtet worden sei, während der zweite gegen ihn schimpfte, es sei ganz und gar unpassend für diejenigen, zur Kithara zu singen, bei denen nicht einmal die Zikaden singen würden. Obwohl also der Rheginer der Favorit in dem Wettbewerb war, siegte Eunomos der Lokrer aus folgendem Grund: Während er sang, begann eine Zikade, die auf seine Kithara geflogen war, zu singen, und die versammelte Menge bejubelte das Ereignis und forderte seinen Sieg.

2. In Rhegion wird ein weiterer solcher Mythos erzählt: Als Herakles an einem Ort in der Gegend eingeschlafen war und von Zikaden gestört wurde, betete er, dass sie stumm werden sollten.

3. Auch in Kephallenia teilt ein Fluss das Land, und diesseits gibt es Zikaden, jenseits nicht.

4. οὐδ᾽ ἐν Σερίφῳ δὲ οἱ βάτραχοι φθέγγονται· καὶ μυθῶδες καὶ παρὰ τοῖς Σεριφίοις ἐνίσχυσεν, πλὴν οἱ μὲν περὶ Ἡρακλέους, οἱ δὲ περὶ Περσέως.

5. ὁ δὲ Μυρσίλος, ὁ τὰ Λεσβιακὰ συγγεγραφώς, φησὶν τῆς Ἀντισσαίας, ἐν ᾧ τόπῳ μυθολογεῖται καὶ δείκνυται δὲ ὁ τάφος ὑπὸ τῶν ἐγχωρίων τῆς τοῦ Ὀρφέως κεφαλῆς, τὰς ἀηδόνας εἶναι εὐφωνοτέρας τῶν ἄλλων.

6. πίπτοι δ᾽ ἂν τὸ γένος τῆς ἐκλογῆς εἰς τοὺς λεγομένους ἐν τῇ Ἀττικῇ καὶ Βοιωτίᾳ πέρδικας, ὧν τοὺς μὲν εὐφώνους, τοὺς δὲ τελείως ἰσχνοφώνους ὁμολογεῖται γίγνεσθαι.

7. (1) ἴδιον δὲ καὶ τὸ περὶ τὰ ἔντερα τῶν προβάτων· τὰ μὲν γὰρ τῶν κριῶν ἐστιν ἄφωνα, τὰ δὲ τῶν θηλέων ἔμφωνα. (2) ὅθεν καὶ τὸν ποιητὴν ὑπολάβοι τις εἰρηκέναι, πολυπράγμονα πανταχοῦ καὶ περιττὸν ὄντα,

(ἔμφωνα statt εὔφωνα Lucarini 2003, 90)

ἑπτὰ δὲ θηλυτέρων ὀΐων ἐτανύσσατο χορδάς.

8. (1) οὐχ ἧττον δὲ τούτου θαυμαστόν, καθωμιλημένον δὲ μᾶλλον τὸ περὶ τὴν ἐν τῇ Σικελίᾳ ἄκανθαν τὴν καλουμένην κάκτον· εἰς ἣν ὅταν ἔλαφος ἐμβῇ καὶ τραυματισθῇ, τὰ ὀστᾶ ἄφωνα καὶ ἄχρηστα πρὸς αὐλοὺς ἴσχει. (2) ὅθεν καὶ ὁ Φιλητᾶς ἐξηγήσατο περὶ αὐτῆς εἴπας·

γηρύσαιτο δὲ νεβρὸς ἀπὸ ζωὴν ὀλέσασα,
ὀξείης κάκτου τύμμα φυλαξαμένη.

4. Auch in Seriphos geben die Frösche keinen Ton von sich; und etwas Mythenhaftes herrscht auch bei den Seriphern vor, nur dass die Rheginer ihn über Herakles erzählen, die Seripher aber über Perseus.

5. Myrsilos (FGrHist 477 F 2), der die *Lesbiaka* geschrieben hat, sagt von der Gegend um Antissa – wo von den Einwohnern das Grab des Kopfes von Orpheus im Mythos präsentiert und gezeigt wird –, dass die Nachtigallen dort eine süßere Stimme haben als in anderen Gegenden.

6. Zu der Gattung des Auszugs (von Beispielen) gehören auch die in Attika und Boiotien vorkommenden Rebhühner, von denen einige als wohlklingend, andere als völlig stimmlos gelten.

7. (1) Auch die Därme der Schafe haben etwas Eigenartiges: Die der Schafböcke sind tonlos, die der weiblichen Schafe dagegen tönend. (2) Man könnte verstehen, dass der Dichter – der wirklich wissensdurstig und äußerst gelehrt ist – dies meint, wenn er (über Hermes) sagt:

> Er spannte sieben Saiten von weiblichen Schafen auf.
> (Homerische Hymnen, *Auf Hermes* 51)

8. (1) Etwas nicht minder Wunderbares, aber besser Bekanntes ist die Tatsache über den Dorn in Sizilien, der *kaktos* (Kardone) genannt wird: Wenn ein Hirsch darauf tritt und verletzt wird, sind dessen Knochen tonlos und unbrauchbar für die Herstellung von Flöten. (2) Das hat auch Philetas erklärt, als er sagte:

> Das Hirschkalb wird singen, nachdem es
> aus dem Leben geschieden ist,
> wenn es sich vor dem Stachel
> des scharfen *kaktos* bewahrt hat.
> (Philetas, *Frg.* 16 Powell)

9. (1) ἐν δὲ ταῖς τῶν Λημνίων νήσοις ταῖς καλουμέναις Νέαις πέρδικες οὐ γίνονται, ἀλλὰ κἂν κομίσῃ τις ἀπόλλυνται. (2) ἔνιοι δὲ τούτου τερατωδέστερον ἱστοροῦσιν, ὅτι κἂν ἴδωσιν τὴν χώραν.

10. (1) τῆς δὲ Βοιωτίας ἐχούσης πλήθει πολλοὺς ἀσπάλακας, ἐν τῇ Κορωνικῇ μόνῃ οὐ γίνεσθαι τοῦτο τὸ ζῷον, ἀλλὰ κἂν εἰσαχθῇ τελευτᾶν. (2) καθάπερ οἱ <λύκοι καὶ αἱ> γλαῦκες ἐν Κρήτῃ, ἐν ᾗ λέγουσιν οὐδὲ ζῷον θανάσιμον οὐδὲν τὴν χώραν φέρειν.

11. ἐν Ἀστυπαλαίᾳ δὲ ὄφεις οὐ γίνονται, οὐδὲ ἐν Ἰθάκῃ λαγῶς, οὐδὲ ἐν Λιβύῃ ὗς ἀγρία οὐδὲ ἔλαφοι, οὐδ᾽ ἐν Ῥηνείᾳ τῇ πρὸς Δήλῳ γαλῆ, οὐδὲ μελεαγρὶς οὐδαμοῦ ἄλλῃ <ἢ ἐν Λέρῳ> ὁρᾶται.

12. (1) Ἀμελησαγόρας δὲ ὁ Ἀθηναῖος, ὁ τὴν Ἀτθίδα συγγεγραφώς, οὔ φησι κορώνην προσίπτασθαι πρὸς τὴν ἀκρόπολιν, οὐδ᾽ ἔχοι ἂν εἰπεῖν ἑωρακὼς οὐδείς. (2) ἀποδίδωσιν δὲ τὴν αἰτίαν μυθικῶς. φησὶν γάρ, Ἡφαίστῳ δοθείσης τῆς Ἀθηνᾶς, συγκατακλιθεῖσαν αὐτὴν ἀφανισθῆναι, τὸν δὲ Ἥφαιστον εἰς γῆν πεσόντα προΐεσθαι τὸ σπέρμα, τὴν δὲ γῆν ὕστερον αὐτῷ ἀναδοῦναι Ἐριχθόνιον, ὃν τρέφειν τὴν Ἀθηνᾶν καὶ εἰς κίστην καθεῖρξαι καὶ παραθέσθαι ταῖς Κέκροπος παισίν, Ἀγραύλῳ καὶ Πανδρόσῳ καὶ Ἕρσῃ, καὶ ἐπιτάξαι μὴ ἀνοίγειν τὴν κίστην, ἕως ἂν αὐτὴ ἔλθῃ. ἀφικομένην δὲ εἰς Πελλήνην φέρειν ὄρος, ἵνα ἔρυμα πρὸ τῆς ἀκροπόλεως ποιήσῃ, τὰς δὲ Κέκροπος θυγατέρας τὰς δύο, Ἄγραυλον καὶ Πάνδροσον, τὴν κίστην ἀνοῖξαι καὶ ἰδεῖν δράκοντας δύο περὶ τὸν Ἐριχθόνιον· τῇ δὲ Ἀθηνᾷ φερούσῃ τὸ ὄρος, ὃ νῦν καλεῖται Λυκαβηττός, κορώνην

9. (1) Auf den Inseln der Lemnier, die Neai genannt werden, sind keine Rebhühner zu finden; wenn jemand versucht, sie einzuführen, sterben sie. (2) Manche sagen sogar noch etwas Ungeheuerlicheres, nämlich dass sie sterben, wenn sie das Land auch nur sehen.

10. (1) In Boiotien gibt es sehr viele Maulwurfsratten, doch allein in Koroneia ist dieses Tier nicht zu finden, sondern stirbt, wenn es eingeführt wird. (2) Dasselbe gilt für Wölfe und Eulen (Steinkäuze) auf Kreta, wo man sagt, dass die Gegend die Anwesenheit eines todbringenden Tieres nicht ertragen kann.

11. In Astypalaia gibt es keine Schlangen, in Ithaka keine Hasen, in Libyen weder Wildschweine noch Hirsche, in Rheneia bei Delos kein Wiesel, und das Perlhuhn ist nirgends zu sehen ‹außer in Leros›.

12. (1) Der Athener Amelesagoras, der die *Atthis* geschrieben hat (FGrHist 330 F 1), sagt, dass die Krähe nicht zur Akropolis (von Athen) fliegt; es gebe wohl niemanden, der sagen kann, dass er eine gesehen hat. (2) Er gibt den Grund in mythischer Form an: Er sagt nämlich, Athene sei, als sie dem Hephaistos gegeben wurde und sich zu ihm legte, verschwunden, Hephaistos aber sei zu Boden gefallen und habe sein Sperma ausgestoßen. Die Erde, sagt Amelesagoras, gebar ihm daraufhin den Erichthonios, den Athene aufzog, dann in eine Truhe einschloss und den Töchtern des Kekrops – nämlich Agraulos, Pandrosos und Herse – übergab. Athene wies sie an, die Truhe nicht zu öffnen, bevor sie selbst zurückkam. Als sie nach Pellene gelangte, um einen Berg zu holen, damit sie eine Verteidigung vor der Akropolis errichten konnte, öffneten zwei der Töchter des Kekrops, Agraulos und Pandrosos, die Truhe und sahen zwei Schlangen um Erichthonios. Amelesagoras erzählt, dass eine Krähe der Athene begegnete, als sie den Berg trug, der heute Lykabettos heißt,

φησὶν ἀπαντῆσαι καὶ εἰπεῖν ὅτι Ἐριχθόνιος ἐν φανερῷ, τὴν δὲ ἀκούσασαν ῥίψαι τὸ ὄρος ὅπου νῦν ἐστιν, τῇ δὲ κορώνῃ διὰ τὴν κακαγγελίαν εἰπεῖν ὡς εἰς ἀκρόπολιν οὐ θέμις αὐτῇ ἔσται ἀφικέσθαι.

13. οὐδὲ κατὰ τὴν Σκυθῶν χώραν, ὁμοίως δὲ οὐδὲ κατὰ τὴν Ἠλείαν ἡμίονος οὐ γεννᾶται.

14. Θεόπομπος δέ φησιν κατὰ τοὺς ἐν Θρᾴκῃ Χαλκιδεῖς εἶναί τινα τόπον τοιοῦτον, εἰς ὃν ὅ τι μὲν ἂν τῶν ἄλλων ζῴων εἰσέλθῃ, πάλιν ἀπαθὲς ἀπέρχεται, τῶν δὲ κανθάρων οὐδεὶς διαφεύγει, κύκλῳ δὲ στρεφόμενοι τελευτῶσιν αὐτοῦ· διὸ δὴ καὶ τὸ χωρίον ὀνομάζεσθαι Κανθαρώλεθρον.

15a. (1) ἐν δὲ Κράννωνι τῆς Θετταλίας δύο φασὶν μόνον εἶναι κόρακας· διὸ καὶ ἐπὶ τῶν προξενιῶν τῶν ἀναγραφομένων τὸ παράσημον τῆς πόλεως, καθάπερ ἐστὶν ἔθιμον πᾶσι προσπαρατιθέναι, ὑπογράφονται δύο κόρακες ἐφ᾽ ἁμαξίου χαλκοῦ διὰ τὸ μηδέποτε πλείους τούτων ὦφθαι. (2) ἡ δὲ ἅμαξα προσπαράκειται διὰ τοιαύτην αἰτίαν – ξένον γὰρ ἴσως ἂν καὶ τοῦτο φανείη – ἔστιν αὐτοῖς ‹ἡ› ἀνακειμένη χαλκῆ, ἥν, ὅταν αὐχμὸς ᾖ, σείοντες ὕδωρ αἰτοῦνται τὸν θεόν, καί φασι γίνεσθαι. (3) τούτου δέ τι ἰδιώτερον ὁ Θεόπομπος λέγει· φησὶν γὰρ ἕως τούτου διατρίβειν αὐτοὺς ἐν τῷ Κράννωνι, ἕως ἂν τοὺς νεοττοὺς ἐκνεοττεύσωσιν, τοῦτο δὲ ποιήσαντας τοὺς μὲν νεοττοὺς καταλείπειν, αὐτοὺς δὲ ἀνιέναι.

15b. καὶ ἐν Ἐκβατάνοις δὲ καὶ ἐν Πέρσαις Κτησίας ἱστορεῖ παραπλήσιόν τι τούτοις. διὰ δὲ τὸ αὐτὸν πολλὰ ψεύδεσθαι παρελείπομεν τὴν ἐκλογήν· καὶ γὰρ ἐφαίνετο τερατώδης.

und ihr mitteilte, dass Erichthonios im Freien sei. Als sie dies hörte, schleuderte sie den Berg an seine jetzige Position und sagte zu der Krähe, dass es ihr wegen der schlechten Nachricht, die sie gebracht hatte, nicht mehr erlaubt sei, sich der Akropolis zu nähern.

13. In der Region der Skythen und auch in der von Elis gibt es keine Maultiere.

14. Theopompos (FGrHist 115 F 266) sagt, dass es in der Nähe der Chalkidier in Thrakien einen Ort gibt, der so beschaffen ist, dass jedes andere Tier, das dort hineingeht, unversehrt zurückkommt, dass aber kein Mistkäfer entkommt: Er dreht sich im Kreis und stirbt dann. Der Ort heißt deshalb *Kantharolethron* (»Mistkäfer-Untergang«).

15a. (1) In Krannon in Thessalien gibt es – so sagt er (Theopompos FGrHist 115 F 267a) – nur zwei Raben. Deshalb sind auf dem Stadtwappen, das den Urkunden über Proxenie (Vertretung der Polis anderenorts) beigefügt ist – es ist ja überall üblich, das Stadtwappen an solche Urkunden zu hängen –, zwei Raben auf einem bronzenen Wagen abgebildet, denn mehr als diese zwei sind nie gesehen worden. (2) Der Wagen ist aus folgendem Grund abgebildet – auch das mag abwegig erscheinen –: Sie haben einen bronzenen Wagen als Weihegabe, den sie bei jeder Dürre schütteln, während sie den Gott um Wasser anflehen, und sie sagen, dass (ihre Gebete dazu) erfüllt werden. (3) Theopompos erzählt noch etwas Seltsameres als dies: Er sagt, dass die Raben zwar solange in Krannon bleiben, bis sie ihre Jungen ausgebrütet haben, dass sie dann aber die Jungen verlassen und selbst zurückkehren.

15b. Ktesias (FGrHist 688 F 36) erzählt etwas Ähnliches über die Menschen in Ekbatana und Persien, aber ich habe den Auszug wegen seiner vielen Lügen nicht beachtet: Er erschien mir tatsächlich abwegig.

15c. Μυρσίλος δὲ ὁ Λέσβιος ἐν τῷ ὄρει φησὶ Λεπετύμνῳ ἱερὸν Ἀπόλλωνος εἶναι καὶ ἡρῷον Λεπετύμνου, ἐφ' ᾧ, καθάπερ ἐν τῷ Κράννωνι, δύο μόνον εἶναι κόρακας ὄντων οὐκ ὀλίγων ἐν τοῖς πλησίον τόποις.

16a. ἐν Λάτμῳ δὲ τῆς Καρίας φησὶν Ἀριστοτέλης τοὺς σκορπίους, ἐὰν μὲν τῶν ξένων τινὰ πατάξωσιν, μετρίως λυπεῖν, ἐὰν δὲ τῶν ἐγχωρίων, ἕως θανάτου κατατείνειν.

16b. τῶν δὲ Λιβύων καλοῦνται Ψύλλοι τινές, παρ' οἷς ἀνάπαλίν τι γίνεται τούτου· ὑπὸ γὰρ τῶν ἀσπίδων οὗτοι μὲν οὐδὲν πάσχουσιν τυπτόμενοι, τῶν δὲ λοιπῶν οὐκ ἔστιν ὅστις διαφεύγει δηχθείς.

17. ἐν Λυκίᾳ φύεταί τι αἰγόλεθρον, ὃ τῶν μὲν ἐγχωρίων αἰγῶν οὐδεμία γεύεται, ξένη δ' ὅταν ἐμπέσῃ καὶ διὰ τὴν ἄγνοιαν φάγῃ τῆς βοτάνης, ἀπόλλυται διαφθαρεῖσα τὸν καλούμενον ἐχῖνον τῆς κοιλίας.

18a. (1) τῆς δὲ Καρυστίας καὶ τῆς Ἀνδρίας χώρας ἐστὶν πλησίον νῆσος, ἡ καλουμένη Γύαρος· ἐνταῦθα οἱ μύες διατρώγουσιν τὸν σίδηρον. (2) ἐν Κέῳ τῇ νήσῳ θανάσιμός ἐστιν ἡ ἄχερδος· κἂν εἰς ἄλλο δένδρον ἐμπήξῃς, ἀφαυαίνει.

18b. ποιεῖ δὲ αὐτὸ τοῦτο καὶ τὸ τῆς τρυγόνος κέντρον τῆς θαλαττίας· καὶ ἐὰν εἰς τοὺς ὀδόντας ἅψῃ, κατασήπει.

19. (1) ἴδια δὲ καὶ περὶ τὰς συγκρίσεις καὶ ἀλλοιώσεις τῶν ζῴων, ἔτι δὲ γενέσεις, οἷον ἐν Αἰγύπτῳ τὸν βοῦν ἐὰν

15c. Myrsilos von Lesbos (FGrHist 477 F 5) sagt, dass es auf dem Berg Lepetymnos ein Heiligtum des Apollon und einen Heroon des Lepetymnos gibt, auf dem es – wie in Krannon (s. o. 15a) – nur zwei Raben gibt, obwohl es in den umliegenden Gebieten nicht wenige gibt.

16a. Über Latmos in Karien sagt Aristoteles (*Frg.* 605 Rose), dass dort die Skorpione nur mäßige Schmerzen verursachen, wenn sie einen Fremden stechen, aber Qualen bis zum Tod, wenn es ein Einheimischer ist.

16b. Unter den Libyern gibt es einige, die Psylloi genannt werden, bei denen das Gegenteil der Fall ist: Sie leiden nicht, wenn sie von einer Wespe gestochen werden, aber von den anderen Libyern kann keiner entkommen, wenn er einmal gestochen wurde.

17. In Lykien wächst eine Pflanze, die *aigolethron* (»Ziegenuntergang«) genannt wird und von der keine der einheimischen Ziegen kosten kann; wenn aber eine fremde Ziege darauf stößt und die Pflanze aus Unwissenheit frisst, stirbt sie an der Zerstörung des Teils ihres Magens, der *echinos* (»Igel«) genannt wird.

18a. (1) Es gibt eine Insel in der Nähe der Regionen von Karystia und Andria, die Gyaros heißt; dort fressen sich die Mäuse durch Eisen. (2) Auf der Insel Keos ist die Wildbirne tödlich, und wenn man sie auf einen anderen Baum pfropfen würde, würde er verdorren.

18b. Der Stachel des Stachelrochens tut dasselbe: Wenn man ihn auf die Zähne aufträgt, bringt er sie zum Verrotten.

19. (1) Auch in Bezug auf die Entstehung und Verwandlung der Tiere, insbesondere in Bezug auf ihre Entstehung, gibt es merkwürdige Dinge. So sagt man in Ägypten, dass dann,

κατορύξῃς ἐν τόποις τισίν, ὥστε αὐτὰ τὰ κέρατα τῆς γῆς ὑπερέχειν, εἶθ' ὕστερον ἀποπρίσῃς, λέγουσιν μελίττας ἐκπέτεσθαι· σαπέντα γὰρ αὐτὸν εἰς τοῦτο διαλύεσθαι τὸ ζῷον. (2) ᾧ καὶ φαίνεται Φιλητᾶς προσέχειν, ἱκανῶς ὢν περίεργος· προσαγορεύει οὖν αὐτὰς βουγενεῖς λέγων·

βουγενέας φάμενος προσεβήσαο μακρὰ μελίσσας.

(3a) φασὶ δὲ καὶ τὸν κροκόδειλον σκορπίους γεννᾶν. (3b) καὶ ἐκ τῶν ἵππων σφῆκας γεννᾶσθαι. (4) καί τις Ἀρχέλαος Αἰγύπτιος τῶν ἐν ἐπιγράμμασιν ἐξηγουμένων τὰ παράδοξα τῷ Πτολεμαίῳ περὶ μὲν τῶν σκορπίων οὕτως εἴρηκεν·

(4a) εἰς ὑμᾶς κροκόδειλον ἀποφθίμενον διαλύει,
σκορπίοι, ἡ πάντα ζῳοθετοῦσα φύσις.

περὶ δὲ τῶν σφηκῶν·

(4b) ἐκ νέκυος ταύτην ἵππου γράψασθε γενέθλην,
σφῆκας· ἴδ' ἐξ οἵων οἷα τίθησι φύσις.

(5) ὁ δὲ Ἀριστοτέλης καὶ ἐκ τῶν σισυμβρίων φησὶν σαπέντων σκορπίους γίνεσθαι.

wenn ein Ochse an einem bestimmten Ort so begraben wird, dass die Hörner aus der Erde herausragen, und diese danach abgesägt werden, Bienen aus ihnen herausfliegen: Im Laufe der Verwesung werden sie nämlich in dieses Tier verwandelt. (2) Und Philetas, der ziemlich wissbegierig ist, scheint seine Aufmerksamkeit darauf zu richten; so spricht er die Bienen als »Ochsengeborene« an, wenn er sagt:

Mit großen Schritten hast du zuerst
die ochsengeborenen Bienen erreicht.
(Philetas, *Frg.* 122 Powell)

(3a) Man sagt auch, dass das Krokodil Skorpione hervorbringt (3b) und dass Wespen aus Pferden hervorgehen. (4) Und ein gewisser Archelaos, ein Ägypter, der die *paradoxa* für Ptolemaios in Epigrammen deutete, sprach über Skorpione so:

(4a) In euch löst die Natur das verendete Krokodil auf,
Skorpione, die allen Dingen Leben gibt.
(Archelaos, *Frg.* 125 Lloyd-Jones/Parsons)

und über die Wespen:

(4b) Aus dem toten Körper eines Pferdes
erschafft ihr diese Nachkommenschaft,
Wespen: Siehe, was aus was die Natur schafft!
(Archelaos, *Frg.* 126 Lloyd-Jones/Parsons)

(5) Aristoteles (*Frg.* 367 Rose) sagt, dass Skorpione aus verfaulendem Quendel entstehen.

20. (1) οὐχ ἧττον δὲ τούτων θαυμάσια τὰ φθαρτὰ κατὰ τῶν ὠφελούντων, οἷον ὁ γαλεώτης, ὅταν ἐκδύῃ τὸ γῆρας, ἐπιστραφεὶς κατέπιεν· ἐπιληψίας γάρ ἐστιν, φασίν, ὥς ὁ Ἀριστοτέλης καταγράφει, φάρμακον. (2) ὡσαύτως δ' ἡ φώκη λέγεται ἐξεμεῖν τὸν ὀρρόν· καὶ γὰρ τοῦτον πρὸς τὴν αὐτὴν ἀρρωστίαν χρήσιμον. (3) τὰς δὲ ἵππους τὸ ἐπιφυόμενον τοῖς ἐμβρύοις ἱππομανὲς ἀπεσθίειν· γίνεσθαι δὲ τοῦτο ἐπὶ τοῦ μετώπου καὶ πρὸς πολλὰ ζητεῖσθαι. (4) τὴν δὲ ἔλαφον τὸ δεξιὸν κέρας κατορύσσειν· εἶναι δὲ καὶ τοῦτο ἐν πολλοῖς χρήσιμον. ταῦτα μὲν οὖν, εἴτε κατὰ προαίρεσιν εἴτε κατὰ τύχην οὕτως ἔχει, πολλῆς ἐστιν ἐπιστάσεως δεόμενα.

21. (1) ὁ δὲ πολύπους ἐν τῷ χειμῶνι τὰς πλεκτάνας αὐτοῦ κατεσθίει· τοῦτ' ἔστιν

> ἤματι χειμερίῳ, ὅτ' ἀνόστεος ὃν πόδα τένδει.

(2) τῶν δὲ γαλεῶν τὰ ἔμβρυα ἐξιόντα ἐκ τῆς κοιλίας νέμεται καὶ πάλιν εἰσδύεται κατὰ τὸ στόμα. (3) ἡ δὲ λέαινα δὶς οὐ κυίσκεται· τοῖς γὰρ ἐμβρύοις, ὥς φησιν Ἡρόδοτος, συνεκβάλλει τὰς μήτρας. (4) οὐδὲ ἔχιδνα δίς· ἐσθίει γὰρ αὐτῆς τὴν κοιλίαν τὰ ἔμβρυα.

22. (1) ἡ νυκτερὶς δὲ μόνον τῶν ὀρνέων ὀδόντας ἔχει καὶ μαστοὺς καὶ γάλα. (2) φησὶν δὲ ὁ Ἀριστοτέλης καὶ φώκην καὶ φάλαιναν ἴσχειν γάλα. (3) τούτων δὲ οὐχ ἧττον καταγράφει τερατῶδες· ἐν Λήμνῳ γάρ φησιν ἀμελχθῆναι γάλα τράγου τοσοῦτον, ὥστε τροφαλίδας γενέσθαι.

20. (1) Nicht weniger erstaunlich als diese Beispiele ist die Nützlichkeit abgelegter Materialien. Zum Beispiel dreht sich der Gecko, wenn er seine Haut abwirft, um und verschluckt sie; sie ist nämlich, sagt man, ein Heilmittel gegen Epilepsie, wie Aristoteles (*Frg.* 370 Rose) angibt. (2) Ebenso soll die Robbe ihre Molke ausspucken, was in der Tat bei derselben Krankheit nützlich ist. (3) Die Stuten fressen die Auswüchse auf ihren neugeborenen Jungen, die *hippomanes* (»pferdeverrückt«) genannt werden: Diese befinden sich auf der Stirn und werden für viele Zwecke verwendet. (4) Die Hirschkuh vergräbt ihr rechtes Geweih in der Erde; auch dieses ist in vielerlei Hinsicht nützlich. Diese Dinge – ob sie nun gewollt oder zufällig sind – erfordern viel Aufmerksamkeit.

21. (1) Die Krake frisst im Winter ihre eigenen Tentakel; das ist

> am Wintertag, wenn der Knochenlose an seinem Fuß nagt.
> (Hesiod, *Werke und Tage* 524)

(2) Die Jungen der Haifische werden bei der Geburt aus dem Bauch entlassen, kriechen aber in den Mund zurück. (3) Die Löwin wird nicht zweimal trächtig, denn sie stößt – wie Herodot (3,108) sagt – die Gebärmutter mit dem Neugeborenen aus. (4) Auch die Viper (wird) nicht zweimal (trächtig), denn die entstehenden Jungen fressen sich durch ihren Bauch.

22. (1) Die Fledermaus hat als einziger Vogel Zähne, Brüste und Milch. (2) Aristoteles (*Tierkunde* 3,19) sagt, dass auch die Robbe und der Wal Milch haben. (3) Er (3,20) schreibt etwas nicht weniger Ungeheuerliches als dieses, denn er sagt, dass auf Lemnos aus einem Ziegenbock Milch in ausreichender Menge gewonnen wurde, um Käse herzustellen.

23. (1) τῶν δὲ ἀλκυόνων οἱ ἄρσενες κηρύλοι καλοῦνται· ὅταν οὖν ὑπὸ τοῦ γήρως ἀσθενήσωσιν καὶ μηκέτι δύνωνται πέτεσθαι, φέρουσιν αὐτοὺς αἱ θήλειαι ἐπὶ τῶν πτερῶν λαβοῦσαι. (2) καὶ ἔστι τὸ ὑπὸ τοῦ Ἀλκμᾶνος λεγόμενον τούτῳ συνῳκειωμένον· φησὶν γὰρ ἀσθενὴς ὢν διὰ τὸ γῆρας καὶ τοῖς χοροῖς οὐ δυνάμενος συμπεριφέρεσθαι οὐδὲ τῇ τῶν παρθένων ὀρχήσει·

οὔ μ᾽ ἔτι, παρθενικαὶ μελιγάρυες, ἱερόφωνοι,
γυῖα φέρειν δύναται· βάλε δὴ βάλε κηρύλος εἴην,
ὅς τ᾽ ἐπὶ κύματος ἄνθος ἅμ᾽ ἀλκυόνεσσι ποτῆται
νηλεὲς ἦτορ ἔχων, ἁλιπόρφυρος ἱερὸς ὄρνις.

24. ἱκανῶς δὲ καὶ ὁ ποιητὴς λέγεται παρὰ πάντων ἐπιμελὴς καὶ πολυπράγμων εἶναι· ὁ γὰρ Ὀδυσσεὺς ἐπιφερομένων αὐτῷ τῶν κυνῶν ἐν τῇ πρὸς τὸν συβώτην ἀναβάσει

ἕζετο κερδοσύνῃ, σκῆπτρον δέ οἱ ἔκπεσε χειρός.

οὐ γάρ φασιν, ὅταν διωκόμενός τις συγκαθίσῃ, ἀδικεῖν τοὺς κύνας.

25a. (1) θαυμαστὰ δὲ καὶ τὰ τοῖς τόποις συναφομοιούμενα, οἷον ὅ τε πολύπους· γίνεται γὰρ ἀδιάγνωστος τῷ χρώματι τοῦ ἐδάφους καὶ παντὸς ᾧ ἂν περιπλακῇ, ὥστε εἶναι δύσεργον αὐτοῦ τὴν θήραν. (2) ὅθεν δῆλον καὶ ὁ ποιητὴς τὸ θρυλούμενον ἔγραψεν·

23. (1) Die Männchen des Eisvogels werden *keryloi* genannt: Wenn sie durch Alter schwach werden und nicht mehr fliegen können, tragen die Weibchen sie, indem sie sie auf ihre Flügel nehmen. (2) Das von Alkman Gesagte hängt damit zusammen, denn er sagt, dass er vom Alter geschwächt ist und nicht mehr in der Lage ist, sich mit den Chören oder den Tänzen der Mädchen mitzudrehen:

> Nicht mehr, ihr Mädchen süßen Tons
> und festlichen Gesangs,
> sind meine Glieder fähig, mich zu tragen.
> O wär, o wär ich doch ein Eisvogel
> der über den Wogenschaum hin
> mit seinen Halkyonen schwebt,
> keinerlei Bangen im Herzen –
> der meerfarbene, herrliche Vogel.
> (Alkman, *Frg.* 26 Page/Davies; Übers. Hommel 1978, 393)

24. Auch dem Dichter wird von jedermann nachgesagt, er sei ziemlich gewissenhaft und voller Neugierde, denn als die Hunde den Odysseus auf dem Weg zum Schweinehirten angegriffen hatten,

> kauerte er in List und warf den Stab aus seiner Hand.
> (Homer, *Odyssee* 14,31)

Man sagt nämlich, dass, wenn jemand, der gejagt wird, sich hinkauert, die Hunde ihm nichts antun.

25a. (1) Ein anderer Grund zum Staunen sind die Tiere, die sich, wie die Krake, ihrer Umgebung ähnlich machen: Sie wird nämlich ununterscheidbar von der Farbe des Meeresbodens und von der Farbe von allem, was sie umschlingen könnte, so dass sie schwer zu jagen ist. (2) Aus dieser Tatsache heraus schrieb der Dichter offensichtlich den oft zitierten Vers:

πουλύποδός μοι, τέκνον, ἔχων ἐν στήθεσι θυμόν,
τοῖσιν ἐφαρμόζου, <τῶν κεν κατὰ δῆμον ἵκηαι>.

25b. γίνεται δὲ ταὐτὸν καὶ περὶ τὸν χαμαιλέοντα· καὶ γὰρ τοῖς στελέχεσι τῶν δένδρων καὶ τοῖς φύλλοις καὶ τῇ γῇ τὸν αὐτὸν τρόπον ἅπαντι τόπῳ συμμεταβάλλει τὴν χροιάν.

25c. Ἀριστοτέλης δέ φησι καὶ τὸν καλούμενον τάρανδον τοῦτο πάσχειν, ὄντα τετράπουν καὶ σχεδὸν ἴσον ὄνῳ καὶ παχύδερμον καὶ τετριχωμένον, καὶ θαυμαστὸν εἶναι πῶς αἱ τρίχες οὕτως ὀξέως ἀλλοιοῦνται.

26. γίνεται δὲ καὶ βοτάνη τις, ἣ καλεῖται τριπόλιον· φύεται δ' ἐν τοῖς ἐπιθαλαττίοις ἐπὶ τῶν πετρῶν, ἀφίησι δὲ ἄνθος, ὃ τῆς ἡμέρας τρὶς μεταστρέφεται τὸ χρῶμα· γίνεται δὲ ὁτὲ μὲν λευκόν, ὁτὲ δὲ φοινικοῦν, ὁτὲ δὲ μήλινον.

Denke mir wie eine Krake, Kind, den Mut in der Brust
und passe dich denen an, ‹zu deren Volk du gelangst›.

(*Thebaïs*, *Frg.* 4.1–2 Davies)

25b. Dasselbe geschieht mit dem Chamäleon, denn es ändert seine Hautfarbe zu der von Baumstämmen, Blättern und Erde und auf dieselbe Weise zu jedem beliebigen Hintergrund.

25c. Aristoteles (*Frg.* 371 Rose) sagt, dass das Tier, das Elch genannt wird, dies ebenfalls durchmacht: Es ist ein Vierfüßler, fast so groß wie der Esel, dickhäutig und behaart, und er sagt, dass es bemerkenswert ist, wie sein Haar so schnell die Farbe wechselt.

26. Es gibt auch eine bestimmte Pflanze, die *tripolion* heißt: Sie wächst am Meeresufer auf Felsen und treibt eine Blüte, die dreimal am Tag ihre Farbe wechselt – mal ist sie weiß, mal violett und mal apfelgelb.

καὶ μὴν τάς τε λοιπὰς ἐντρεχείας τῶν ζῴων, οἷον ἐν μάχαις, ἐν θεραπείαις τραυμάτων, ἐν παρασκευαῖς τῶν πρὸς τὸν βίον ἀναγκαίων, ἐν φιλοστοργίαις, ἐν μνήμαις, ἀκριβέστατ' ἄν τις ἐκ τῆς τοῦ Ἀριστοτέλους συναγωγῆς καταμάθοι, ἐξ ἧς ἡμεῖς πρῶτον ποιησόμεθα τὴν ἐκλογήν.

27. φησὶν περὶ Κωνώπιον τῆς Μαιώτιδος λίμνης τοὺς λύκους παρὰ τῶν ἁλιέων λαμβάνοντας τροφὴν φυλάττειν τὴν θήραν· ἂν δ' ὑπολάβωσίν τι ἀδικεῖσθαι, λυμαίνεσθαι τὰ λίνα καὶ τοὺς ἰχθύας αὐτῶν.

28. ἐν Θρᾴκῃ δ' ἐν τῇ κληθείσῃ ποτὲ Κεδριπόλει τοὺς ἀνθρώπους καὶ τοὺς ἱέρακας κοινῇ θηρεύειν τὰ ὀρνιθάρια· τοὺς μὲν γὰρ σοβεῖν τοῖς ξύλοις, τοὺς δὲ ἱέρακας καταδιώκειν, τὰ δὲ φεύγοντα εἰς τοὺς ἀνθρώπους ἐμπίπτειν· διὸ καὶ μεταδιδόναι τοῖς ἱέραξιν αὐτοὺς τῶν ληφθέντων.

29. (1) τὰς δ' ἐλάφους λέγει τίκτειν παρὰ τὰς ὁδούς, φευγούσας τὰ θηρία· ἥκιστα γὰρ ἐπιτίθεσθαι τοὺς λύκους ἐνθάδε· ἄγειν δὲ καὶ τὰ τέκνα ἐπὶ τῶν σταθμῶν, ἐθιζούσας οὗ δεῖ ἀποφεύγειν· εἶναι δὲ τοῦτο πέτραν ἀπορρῶγα, μίαν ἔχουσαν <εἴσ>οδον. (2) ἤδη δὲ εἰλῆφθαι ἀχαΐνην ἔλαφον κιττὸν ἔχουσαν ἐπὶ τῶν κεράτων ὡς ἂν ἐνύγρων ὄντων. (3) ἁλίσκεσθαι δὲ ἐλάφους καὶ συριττόντων καὶ ᾀδόντων, ὥστε καὶ κατακλίνεσθαι ὑπὸ τῆς ἡδονῆς.

30. τὰς δ' ἐν Κρήτῃ αἶγας τὰς ἀγρίας, ὅταν τοξευθῶσιν, ζητεῖν τὴν δίκταμνον· δοκεῖ γὰρ ἐκβλητικὸν εἶναι τῶν βελῶν.

Auszüge aus Aristoteles, *Tierkunde* 9

Die anderen Verständigkeiten der Lebewesen – wie die zu den Auseinandersetzungen, zur Wundheilung, zur Zubereitung der Lebensnotwendigkeiten, zu den Neigungen, zum Gedächtnis – würde man sicherlich am genauesten aus der Sammlung des Aristoteles (*Tierkunde* 9) lernen, aus der ich zunächst meinen Auszug machen werde.

27. Er (9,36) sagt, dass die Wölfe in der Gegend von Konopeion am Maiotis-See (Asowschen Meer) ihre Nahrung von den Fischern erhalten und im Gegenzug deren Fang bewachen; wenn sie aber den Verdacht haben, dass sie auf irgendeine Weise betrogen worden sind, zerstören sie die Netze und die Fische.

28. (Er sagt 9,36), dass in Thrakien in der Stadt, die einst Kedripolis hieß, Menschen und Falken gemeinsam kleine Vögel jagen: Die ersteren schlagen auf die Bäume, während die Falken sie dicht verfolgen, und die kleinen Vögel fallen auf die Menschen, wenn sie fliehen. Auf diese Weise teilen sie ihre Beute mit den Falken.

29. (1) Er sagt (9,5), dass die Hirschkühe am Straßenrand gebären, um Raubtiere zu meiden, denn dort ist die Wahrscheinlichkeit am geringsten, dass Wölfe sie angreifen. Sie führen ihre Jungen auch zu ihrem Bau, um sie an ihren Zufluchtsort zu gewöhnen; dieser ist ein schroffer Fels mit nur einem Ausgang. (2) Es wurde auch schon eine (zweijährige) Spießer-Hirschkuh gefangen, deren Geweih mit Efeu bewachsen war, als ob es feucht wäre. (3) Die Hirsche werden durch Pfeifen und Singen angelockt, so dass sie sich vor Freude hinlegen.

30. (Er sagt 9,6), dass die wilden Ziegen auf Kreta, wenn sie von einem Pfeil getroffen werden, (das Kraut) *diktamnon* suchen, denn es scheint wirksam zu sein, um Pfeile abzuwehren.

31. τὴν δὲ πάρδαλιν φάναι τινὰς κατανενοηκυῖαν, ὅτι τὰ ζῷα τῇ ὀσμῇ αὐτῆς χαίρει, ἀποκρύπτειν ἑαυτὴν καὶ οὕτως θηρεύειν τὰ προσπορευόμενα ἐγγύς.

32. τὸν δὲ ἰχνεύμονα, ὅταν ἴδῃ ὄφιν τὴν ἀσπίδα, οὐ πρότερον ἐπιτίθεσθαι πρὶν καλέσαι βοηθοὺς ἄλλους· πρὸς δὲ τὰ δήγματα καὶ τὰς πληγὰς πηλῷ καταπλάττειν ἑαυτούς· βρέξαντας γὰρ τὸ σῶμα κυλίεσθαι ἐν τῷ κονιορτῷ.

33. τῶν δὲ κροκοδείλων λέγει τοὺς τροχίλους ἐκκαθαίρειν τοὺς ὀδόντας καὶ ἀπὸ τούτων τρέφεσθαι· τὸν δὲ ὠφελούμενον αἰσθάνεσθαι, καὶ ὅταν ἐξελθεῖν βούληται ὁ τροχίλος, τὸν αὐχένα κινεῖν, ἵνα μὴ συνδηχθῇ.

34. τὴν δὲ χελώνην, ὅταν ὄφεως φάγῃ, ἐπεσθίειν ὀριγάνου. καί ποτέ τινος παρατηρήσαντος καὶ ἐκτίλαντος τὴν ὀρίγανον οὐκ ἔχουσαν ἐπιφαγεῖν τελευτῆσαι.

35. (1) τὴν δὲ γαλῆν, ὅταν μάχηται μετὰ τοῦ ὄφεως, τοῦ πηγάνου προεσθίειν· πολέμιον γὰρ εἶναι τῷ ὄφει τὴν ὀσμήν. (2) καὶ πρὸς τὰς πληγὰς δὲ τοῦ ὄφεως βοηθεῖ τὸ πήγανον ἐν ἀκράτῳ διηθηθὲν καὶ ποθέν. (3) καὶ γὰρ ὗς ὅταν ὑπὸ ὄφεως δηχθῇ, φέρεται εὐθέως ἐπὶ τοὺς ποταμοὺς καὶ ζητεῖ τὸν καρκίνον· ἔστιν δὲ καὶ τοῦτο τῶν καταγραφομένων καὶ βοηθεῖ πρὸς τὰς πληγὰς τοῦ ὄφεως ἰσχυρῶς.

36. ἡ φάττα δέ, ὅταν πληγῇ, τὴν ὀρίγανον ἔσαξεν εἰς τὸ ἕλκος καὶ γίνεται τοῦτον τὸν τρόπον ὑγιής.

31. Manche (9,6) sagen, man habe beobachtet, dass sich der Leopard – da die Tiere seinen Geruch mögen – versteckt und so Tiere erbeutet, die sich ihm nähern.

32. (9,6) Der Mungo greift, wenn er die Natter-Schlange sieht, diese nicht an, bevor er andere zu Hilfe ruft. Zum Schutz vor ihren Stichen und Schlägen pflastern sie sich mit Schlamm ein: Zuerst befeuchten sie ihre Haut, dann wälzen sie sich im Staub.

33. Er sagt (9,6), dass der Trochilos (»Laufvogel«) die Zähne der Krokodile ausputzt und sich von ihnen ernährt. Das Krokodil sieht ihn als nützlich an, und immer wenn der Trochilos aussteigen will, bewegt das Krokodil seinen Hals, damit der Vogel nicht von den sich schließenden Zähnen gebissen wird.

34. (9,6) Die Schildkröte nimmt, wenn sie eine Schlange frisst, Oregano als Gegenmittel ein. Jemand hat dies einmal genau beobachtet und die Blätter der Pflanze entfernt: Die Schildkröte starb, da sie keinen Oregano zu fressen hatte.

35. (1) (9,6) Das Wiesel frisst, wenn es mit einer Schlange kämpft, vorher die Raute, denn ihr Geruch ist der Schlange zuwider. (2) Außerdem hilft die Weinraute gegen Schlangenbisse, wenn man sie in unvermischten Wein legt und trinkt. (3) Und ein Schwein, das von einer Schlange gebissen wird, begibt sich sofort in die Flüsse und sucht den Krebs: Auch dies ist überliefert und äußerst wirksam bei Schlangenbissen.

36. (9,6) Wenn die Ringeltaube geschlagen wird, packt sie Oregano in die Wunde und wird dadurch wieder gesund.

37. (1) ὁ δ᾽ οὖν Ἀριστοτέλης τὴν χελιδόνα φησὶν ἐν τῇ σκηνοποιίᾳ συγκαταπλέκειν τοῖς κάρφεσιν τὸν πηλόν, κἂν ἐλλίπῃ πηλός, βρέχουσαν αὑτὴν κυλίεσθαι καὶ ταῖς πτέρυξιν ἀναλαμβάνειν, στιβαδοποιεῖσθαί τε καθάπερ ἄνθρωπον κάτωθεν ὑποτιθεῖσαν τὰ σκληρά. (2) τοῖς τε νεοττοῖς τὴν τροφὴν διδόναι κατὰ μέρος, παρατηροῦσαν ἵνα μὴ δὶς τοῖς αὐτοῖς δῷ. (3) τὴν δὲ κόπρον μικρῶν μὲν ὄντων αὐτὴν ἐκβάλλειν, αὐξηθέντων δὲ διδάσκειν ἔξω στραφέντα τὰ νεόττια ἀφοδεύειν.

38. (1) τὰς δὲ περιστερὰς οὐ θέλειν πλείοσιν συνευνάζεσθαι οὐδὲ προλείπειν τὴν συνουσίαν, ἐὰν μὴ χῆρος ἢ χήρα γένηται. (2) τοῖς δὲ νεοττοῖς τῆς ἁλμυριζούσης γῆς διαμασησαμένας εἰσπτύειν εἰς τὸ στόμα προπαρασκευαζούσας τροφήν.

39. (1) τοὺς δὲ πέρδικας, ὅταν θηρεύῃ τις τοὺς νεοττούς, προκυλίεσθαι τοῦ θηρεύοντος ὡς ἐπιλήπτους ὄντας καὶ ἐπισπᾶσθαι, ἕως ἂν διαδρᾷ τὰ νεόττια. (2) διὰ δὲ τὸ εἶναι ἀφροδισιαστικοὺς λυμαίνεσθαι τὰ ᾠά, ἵνα μὴ ἐπῳάζῃ ἡ θήλεια, τὴν δὲ ἀντιμηχανᾶσθαι καὶ διαδρᾶσαν τίκτειν. (3) τοὺς δὲ χήρους μάχεσθαι πρὸς αὑτούς, τὸν δὲ ἡττηθέντα ἀκολουθεῖν ὀχευόμενον ὑπὸ μόνου τούτου.

40. (1) τὰς δὲ γεράνους εἰς ὕψος πέτεσθαι, ἵνα καθορῶσιν μακράν, κἂν ἴδωσιν νέφη καὶ συστροφὴν ἡσυχάζειν· (2) ἔχειν δὲ καὶ ἡγεμόνα· τὰς μὲν οὖν ἄλλας καθεύδειν ὑπὸ τὴν πτέρυγα τὰς κεφαλὰς θείσας, τὸν δὲ ἡγεμόνα γυμνὴν ἔχειν προορώμενον, κἂν αἴσθηταί <τι> σημαίνειν ταῖς ἄλλαις βοῶντα.

37. (1) Aristoteles (9,7) sagt, dass die Schwalbe, wenn sie ihr Nest baut, Schlamm mit Zweigen zusammenflicht. Wenn der Schlamm fehlt, macht sie sich nass und rollt sich herum und hebt ihn mit den Flügeln auf, und macht sich ein Bett aus Stroh, indem sie die gleiche Technik wie ein Mensch anwendet und hartes Material darunter legt. (2) Sie füttert ihre Jungen abwechselnd, wobei sie sorgfältig darauf achtet, dass sie die gleichen nicht zweimal füttert. (3) Wenn die Jungen noch klein sind, wirft sie deren Ausscheidungen selbst hinaus, wenn sie aber herangewachsen sind, lehrt sie die Jungen, sich umzudrehen und die Ausscheidungen hinauszubefördern.

38. (1) (9,7) Tauben mögen es nicht, mehrere Paarungspartner zu haben oder ihre Paarung zu verlassen, es sei denn, sie sind verwitwet. (2) Für ihre Jungen kauen sie salzige Erde und spucken die zubereitete Nahrung in ihr Maul.

39. (1) (9,8) Rebhühner rollen sich, wenn jemand ihre Jungen jagt, vor dem Jäger herum, als ob sie epileptisch wären, und ziehen ihn an, bis die Jungen entkommen. (2) Die Männchen zerstören in ihrer sexuellen Leidenschaft die Eier, damit das Weibchen sie nicht ausbrütet; sie aber verschwört sich dagegen und läuft weg, um sie anderswo zu legen. (3) Die »Witwer« (Männchen, denen sich ihre brütenden Partnerin entzogen hat) kämpfen untereinander, und derjenige, der unterlegen ist, folgt dem Sieger und wird von ihm allein bestiegen.

40. (1) (9,10) Die Kraniche fliegen in eine große Höhe, damit sie ein weites Gebiet überblicken können, und wenn sie Wolken und Sturm sehen, ruhen sie. (2) Sie haben auch einen Anführer: Während die anderen mit dem Kopf unter den Flügeln schlafen, hält der Anführer seine Augen offen, um nach vorne zu schauen, und wenn er etwas wahrnimmt, gibt er den anderen ein Zeichen, indem er schreit.

41. (1) τοὺς δὲ πελεκᾶνας τάς τε λείας <καὶ μεγάλας> κόγχας καταπίνειν ἱστορεῖ, ἔπειτα ὀλίγον κατασχόντας ἐν τῷ ἄνω τῆς κοιλίας ἐξεμεῖν κεχηνυίας, εἶτα οὕτω τὰ κρέα ἐξαιροῦντας ἐσθίειν.

42. (1) γυπὸς δὲ λέγεται ὑπό τινων ὅτι οὐδεὶς ἑώρακε νεοττὸν οὐδὲ νεοττείαν. (2) διὸ καὶ Ἡρόδωρον τὸν Βρύσωνος τοῦ σοφιστοῦ πατέρα ἀπό τινος αὐτοὺς ἑτέρας φάναι γῆς εἶναι μετεώρου. τίκτειν δ' οὖν ἐν ἀπροσβάτοις πέτραις.

43. (1) λέγειν δέ τινας καὶ τὸ κιννάμωμον ὄρνεον εἶναι καὶ τὰ ἀρώματα φέρειν καὶ τὰς νεοττείας ἐκ τούτου ποιεῖσθαι. (2) νεοττεύειν δ' ἐφ' ὑψηλῶν δένδρων καὶ ἀβάτων, τοὺς δὲ ἐγχωρίους μόλιβδον τοῖς ὀϊστοῖς προστιθέντας τοξεύειν καὶ καταρρηγνύειν τὰς νεοττείας.

44. τὸν δὲ κόκκυγα δοκεῖν ὑποβολιμαίους τοὺς νεοττοὺς ποιεῖν διὰ τὸ δειλὸν εἶναι καὶ μὴ δύνασθαι ἀμύνειν· τίλλεσθαι γὰρ ὑπὸ τῶν ἐλαχίστων. τὰ δὲ ὑποδεξάμενα τῶν ὀρνέων ἐκβάλλειν τοὺς ἑαυτῶν νεοττοὺς διὰ τὸ καλὸν εἶναι τὸν τοῦ κόκκυγος.

45. (1) τὸν δ' αἴγιθον αἶγα θηλάζειν προσπετόμενον, ὅθεν καὶ τὴν προσηγορίαν εἰληφέναι· τὸν δὲ μαστὸν ὅταν θηλάσῃ <ἀποσβέννυσθαί τε καὶ τὴν αἶγα> ἀποτυφλοῦσθαι. (2) ἔστι δὲ χωλὸν τὸ ὄρνεον, ὅθεν καὶ Καλλίμαχος ὁ ἐκ τῆς Αἰγύπτου περίτρανος εἶναι βουλόμενος ἔφησεν προείπας ὑπὲρ ἄλλου τινὸς ὀρνέου· »αἴγιθος ἀμφιγυήεις«. οὐ σῴζεται οὖν αὐτῷ ὁ λόγος· ἔστι γὰρ οὐκ ἀμφότερα χωλόν. τὸ δ' ἀμφιγυήεις οὐ τοιοῦτον, ἀλλ' ὡς ἐπὶ τοῦ Ἡφαίστου εἴρηται, ὅταν

41. Er (9,10) berichtet, dass Pelikane glatte Muscheln verschlingen. Sie halten sie eine Zeit lang im Kropf vor ihrem Magen fest, würgen sie dann – wenn sich die Schalen geöffnet haben – wieder aus und essen das Fleisch, das sie auf diese Weise abgetrennt haben.

42. (1) (9,11) Es wird von einigen gesagt, dass niemand die Jungen des Geiers oder sein Nest gesehen habe. (2) Und deshalb sage Herodoros (FGrHist 31 F 22a), der Vater des Sophisten Bryson, dass sie aus einem fremden Hochland stammen, denn sie legen ihre Eier auf unzugänglichen Felsen ab.

43. (1) (9,13) Manche sagen auch, dass sich *kinnamomon* (»Zimt«) auf einen Vogel bezieht und dass er diese Gewürzpflanzen trage und daraus sein Nest baue. (2) Er nistet in hohen und unzugänglichen Bäumen, und die Einheimischen spitzen ihre Pfeile mit Blei, um auf die Nester zu schießen und sie zu zerstören.

44. (9,29) Es scheint, dass der Kuckuck seine Jungen aus Feigheit und Unfähigkeit (anderen) unterschiebt, denn die Kuckucke lassen sich von den wenigsten Vögeln die Federn ausrupfen. Die Vögel, welche die Jungen aufnehmen, werfen ihre eigenen hinaus, weil die des Kuckucks so schön sind.

45. (1) (9,30) Der *Aigithos* (Hänfling?) fliegt zur Ziege (*aix*) zum Säugen; daher hat er seinen Namen. Das Euter ‹trocknet› aus, wenn er säugt ‹und die Ziege› wird blind. (2) Der Vogel ist lahm, wovon Kallimachos (*Frg.* 469 Pfeiffer) aus Ägypten, der sehr deutlich sein wollte, sprach, nachdem er zuvor von einem anderen Vogel gesprochen hatte, dem *aigithos amphigyëeis.* Seine Darstellung wird nun nicht bestätigt, denn er ist nicht an beiden Füßen lahm. Das Wort *amphigyëeis* bedeutet nicht Lahmheit der fraglichen Art, sondern das, wovon im Zusammenhang mit Hephaistos ge-

ἑκατέρους ᾖ κεχωλωμένος. περὶ μὲν οὖν τοῦ Καλλιμάχου διὰ τὸ ἀπίθανον προήχθημεν εἰπεῖν.

46. (1) ὁ δὲ Ἀριστοτέλης φησὶν τῷ ἀετῷ γηράσκοντι τὸ ῥύγχος αὐξάνεσθαι καὶ γαμψοῦσθαι καὶ τέλος ἀποθνῄσκειν λιμῷ. (2) τὴν φήνην δὲ τοὺς ἐκβληθέντας τῶν νεοττῶν ὑπὸ τοῦ ἀετοῦ λαμβάνειν καὶ ἐκτρέφειν. (3) τὸν δὲ <ἁλι>αίετον ἐπαναγκάζειν τὰ τέκνα ἔτι ψιλὰ ὄντα πρὸς τὸν ἥλιον βλέπειν, τὸ δὲ δακρύον αὐτῶν καὶ μὴ θέλον ἀντοφθαλμεῖν ἀποκτείνειν.

47. τῶν ἰχθύων δὲ τὸν ἁλιέα καλούμενον βάτραχον θηρεύειν τὰ ἰχθύδια τοῖς ἀπὸ τῶν ὀφθαλμῶν ἀποκρεμαμένοις, ὧν τὸ μὲν μῆκός ἐστιν τριχοειδές, ἐπ' ἄκρου δὲ προσκείμενον ὥσπερ δέλεαρ στρογγύλον· τοῦτ' οὖν κρύψαντα ἑαυτὸν προτείνειν.

48. τὴν δὲ νάρκην καθαμμίσασαν ἑαυτὴν τὰ μὴ δυνάμενα τῶν ἰχθύων, ὅταν σύνεγγυς ᾖ, κολυμβᾶν διὰ τὴν νάρκησιν συλλαμβάνειν.

49. τὰς δὲ καλουμένας ἀλώπεκας, ὅταν αἴσθωνται ὅτι τὸ ἄγκιστρον καταπεπώκασιν, ἀναδραμούσας ἄνωθεν τῆς ὁρμιᾶς ἀποτρώγειν.

50. (1) τὸν δὲ πολύποδα κατατίθεσθαι τροφὴν εἰς τὰς θαλάμας, καὶ ὅταν τὰ χρήσιμα ἀναλώσῃ, τὰ ἀχρεῖα ἐκβάλλειν, καὶ τὰ συνερχόμενα τῶν ἰχθυδίων ἐπὶ τὰ ἐκβεβλημένα θηρεύειν ποιοῦντα τὸ χρῶμα παραπλήσιον οἷς ἂν ἐγγὺς ᾖ λίθοις· (2) καὶ ὅταν φοβηθῇ δὲ ταὐτὸ ποιεῖν τοῦτο.

sprochen wird: wenn jemand an beiden Gliedmaßen gelähmt ist. Ich habe mich wegen der Unplausibilität (dieser Angaben) veranlasst gesehen, von Kallimachos zu sprechen.

46. (1) Aristoteles (9,32) sagt, dass, wenn der Adler alt wird, sein Schnabel wächst und sich krümmt und er schließlich verhungert. (2) Der Geier nimmt die vom Adler hinausgeworfenen Jungen auf und zieht sie groß. (3) Der Seeadler zwingt seine Jungen, solange sie noch unbefiedert sind, zur Sonne zu schauen, und wenn eines von ihnen tränende Augen bekommt und nicht in die Sonne schauen will, tötet er es.

47. (9,37) Der Fisch, der *batrachos* (»Frosch«) genannt wird, jagt kleine Fische mit den Anhängseln seiner Augen, die so lang wie Haare sind, aber an der Spitze einen Aufsatz haben, der wie ein runder Köder aussieht: So verbirgt er sich und streckt diesen heraus.

48. (9,37) Der Zitterrochen versteckt sich im Sand und ergreift die Fische, die, wenn sie in die Nähe kommen, durch die von ihm verursachte Erstarrung schwimmunfähig gemacht werden.

49. (9,37) Die sogenannten *alopekes*(-Fische) (»Füchse«) laufen, wenn sie merken, dass sie einen Angelhaken verschluckt haben, zurück und beißen die Schnur von oben ab.

50. (1) (9,50) Die Krake legt Nahrung in ihre Höhle, und wenn die brauchbaren Teile aufgebraucht sind, stößt sie die unbrauchbaren aus und macht Jagd auf die kleinen Fische, die sich von den Resten ernähren, indem sie ihre Farbe so verändert, dass sie der der Steine ähnelt, die sich in ihrer Nähe befinden. (2) Dasselbe tut sie, wenn sie sich erschreckt.

51. ἰδὲ καὶ τὸν ναυτίλον πολύποδα οἷς ποιεῖ περιττόν· ἔχει μὲν γὰρ ὄστρακον, ὃ καταστρέψας ἀναφέρεται, ἵνα ῥᾴδιον ἀνενεχθῇ κενόν· ἄνωθεν δὲ γενόμενον μεταστρέφειν. ἔχειν δὲ μεταξὺ τῶν πλεκτανῶν ἔτι τι συνυφὲς οἷον ὑμένα, καὶ τούτῳ, ὅταν πνευμάτιον ᾖ, ὥσπερ ἱστίῳ χρῆσθαι, ἀντὶ πηδαλίων δὲ <δύο> παρακαθιέναι τῶν πλεκτανῶν.

52a. (1) τὰς δὲ μελίττας θυμιωμένας ὑπὸ τοῦ καπνοῦ καὶ κακοπαθούσας τότε μάλιστα μὲν <μέλι> ἐσθίειν, τὸν δὲ λοιπὸν χρόνον φείδεσθαι, ὡς τροφῆς χάριν ἀποτιθεμένας. (2) τοῖς ἀπὸ τῶν δένδρων δὲ δακρύοις διαχρίειν τὸ σμῆνος τῶν ἄλλων ἕνεκεν θηρίων. (3) ἃς δὲ ἂν ἀποκτείνωσιν αἱ χρησταὶ μέλιτται, πειρᾶσθαι μὲν αὐτὰς ἔξω τοῦτο ποιεῖν· ἐὰν δὲ ἔσω τοῦ σμήνους ἀποκτείνωσιν, ἐκφέρειν. (4) τοὺς δὲ φῶρας καλουμένους κακουργεῖν, ἐὰν λάθωσιν παρεισελθόντες· εἰσέρχονται δὲ σπανίως· τηρεῖσθαι γὰρ αὐτοὺς καὶ ἐπὶ πασῶν φύλακας εἶναι. (5) εἶναι δὲ αὐτὰς τεταγμένας ἐφ᾽ ἑκάστῳ τῶν ἔργων, καὶ τὰς μὲν ἀνθοφορεῖν, τὰς δὲ κατορθοῦν τὰ κηρία. (6) δυσχεραίνειν δ᾽ αὐτὰς καὶ τῇ δυσωδίᾳ τῆς τροφῆς καὶ τῷ μύρῳ, καὶ τὸ περίττωμα δὲ ἔξω ἀφιέναι. (7) καὶ τὰς μὲν πρεσβυτέρας εἴσω ἐργάζεσθαι <…>

52b. σφῆκα δ᾽ ἂν λάβῃ τις τῶν σκελῶν καὶ τοῖς πτεροῖς ἐᾷ βομβεῖν, προσπέτεσθαί φησιν τοὺς ἀκέντρους, τῶν δ᾽ ἐχόντων τὸ κέντρον οὐδένα.

53. (1) τὸν δὲ μόναπον γίνεσθαι μέν φασιν ἐν Παιονίᾳ ἐν τῷ ὄρει Μαρσάνῳ, ὀδόντας δὲ τοὺς ἄνωθεν οὐκ ἔχειν, ὥσπερ βοῦν, οὐδ᾽ ἄλλο τῶν δικεράτων οὐδέν, καὶ τἆλλα προσεμφερὲς εἶναι

51. (9,37) Siehe auch, wie die Nautilos-Krake ebenfalls ungewöhnlich ist in dem, was sie tut, denn sie hat eine Schale, die sie beim Aufsteigen nach unten dreht, damit sie sich mit leerer Schale leichter fortbewegen kann; wenn sie aber von oben herabsteigt, dreht sie die Schale um. Sie hat zwischen ihren Tentakeln bis zu einem gewissen Punkt eine Art von Gewebe wie eine Membran, und dieses benutzt sie bei jedem Windstoß als Segel; und anstelle von Rudern lässt sie ‹zwei› ihrer Tentakel längsseits herunter.

52a. (1) (9,40) Wenn die Bienen ausgeräuchert wurden und durch den Rauch stark beeinträchtigt sind, dann fressen sie vor allem ‹Honig›, aber in der übrigen Zeit verwenden sie ihn sparsam, um ihn als Nahrung aufzubewahren. (2) Sie bestreichen den Bienenstock mit Tropfen von den Bäumen, um sich vor anderen Tieren zu schützen. (3) Wenn die Arbeitsbienen andere Bienen töten, versuchen sie, dies draußen zu tun; wenn sie innerhalb des Bienenstocks töten, tragen sie die Leiche hinaus. (4) Die sogenannten »Räuberbienen« richten Schaden an, wenn sie unbemerkt eindringen. Aber sie dringen nur selten ein, denn sie werden überwacht und überall sind Wachen aufgestellt. (5) Für jede Aufgabe gibt es bestimmte Bienen: Einige sammeln Nektar, andere glätten die Waben. (6) Sie ekeln sich sowohl vor dem schlechten Geruch des Essens als auch vor dem Parfüm und entfernen sich vom Bienenstock, um ihre Exkremente abzulegen. (7) Und die Älteren arbeiten im Inneren ‹…›

52b. (9,41) Wenn man eine Wespe an den Beinen packt und ihre Flügel summen lässt, sagt er, dass stachellose Wespen zu ihr fliegen, aber keine von denen mit Stacheln tut dies.

53. (1) (9,45) Man sagt, dass der Monapos (Wildstier) in Paionien auf dem Berg Marsanos zu finden ist und dass er keine oberen Zähne hat, wie der Ochse oder jedes andere Tier mit zwei Hörnern, und dass er in anderer Hinsicht dem Stier

τῷ ταύρῳ. (2) διωκόμενον δὲ προσαφοδεύειν πόρρωθεν, καὶ τὴν κόπρον, ὅταν πεφοβημένος τοῦτο ποιήσῃ, ἐπικάειν οὕτως ὥστε τὰς τρίχας ἀπορρεῖν τῶν κυνῶν· ἂν δ' ἄνευ φόβου τοῦτο ποιήσῃ, οὐδὲν πάσχειν οὐδὲ βλάπτεσθαι.

54a. <...> ὃ δ' ἂν ὀχεύσῃ καὶ ἔγκυον ποιήσῃ, τούτου πάλιν οὐχ ἅπτεσθαι.

54b. τῷ δὲ Σκυθῶν βασιλεῖ ἵππον φασὶ γενναίαν γενέσθαι· ταύτῃ τὸν ἐξ αὐτῆς γεννηθέντα πῶλον προσάγειν, ἵνα ὀχεύσῃ, τὸν δ' οὐ θέλειν· ὡς δὲ περικαλύψαντες προσήγαγον τὴν ἵππον ἀναβῆναι, ἀποκαλυφθείσης δὲ ἰδόντα τὸ πρόσωπον φεύγειν καὶ κατακρημνίσαι ἑαυτόν.

55. (1) τῶν θαλαττίων δὲ ζῴων ἡμερώτατον εἶναι δελφῖνα· καὶ γὰρ πρὸς παῖδας ἐρωτικῶς ἔχειν, οἷον περὶ Τάραντα καὶ Καρίαν καὶ ἄλλους τόπους πολλούς. (2) ἐν δὲ Καρίᾳ δεθέντος δελφῖνος καὶ τραύματα λαβόντος πολλὰ παραγενέσθαι πολλοὺς ἐπὶ βοήθειαν εἰς τὸν λιμένα, ἕως ἀφῆκεν ὁ ἁλιεύς.

56. περὶ δὲ τοῦ τόκου τῶν λύκων μυθικόν τι τελείως διεξέρχεται καὶ ὅμοιός ἐστιν καὶ τῷ συνειδότι. φησὶν γὰρ αὐτοὺς ἅπαντας ἐν δεκαδύο <ἡμέραις> τοῦ ἐνιαυτοῦ τίκτειν· εἶναι δὲ τούτου αἴτιον, ὡς ὁ λόγος, ὅτι ἐν ιβ' ἡμέραις τὴν Λητὼ παρεκόμισαν ἐξ Ὑπερβορέων εἰς Δῆλον λύκαιναν φαινομένην.

57. τὴν δὲ γλαῦκα καὶ τὴν κορώνην πολεμίας εἶναι· τὴν μὲν κορώνην <ὑφαρπάζειν τὰ ᾠὰ> τῆς γλαυκὸς μεθ' ἡμέραν διὰ τὸ μὴ βλέπειν τὴν γλαῦκα, τὴν δὲ γλαῦκα τῆς κορώνης

ähnlich ist. (2) Wenn er verfolgt wird, schleudert er seinen Kot weit hinaus; wenn er dies aus Angst tut, brennt sein Kot so sehr, dass den Hunden die Haare ausfallen; wenn er dies aber ohne Angst tut, leidet nichts und wird nichts verletzt.

54a. (9,46) Wenn <ein Elefantenbulle> mit einem Weibchen kopuliert und es trächtig macht, berührt er dieses nicht mehr.

54b. (9,47) Es wird erzählt, dass der König von Skythien eine edle Stute hatte: Er führte ein Fohlen von ihr zu ihr, damit es kopuliere, aber das Fohlen war unwillig. Als man der Stute eine Decke überzog und sie dann hereinführte, bestieg das Fohlen die Stute; als sie aber entblößt war und es ihr Gesicht sah, floh es und stürzte sich von Klippen herab.

55. (1) (9,48) Von den Meerestieren ist der Delphin der zahmste, ja, er verhält sich den Knaben gegenüber leidenschaftlich, wie es in der Gegend von Tarent, Karien und an vielen anderen Orten geschehen ist. (2) Als in Karien ein Delphin gefangen und mit vielen Wunden versehen worden war, kam ihm eine große Anzahl von ihnen im Hafen zu Hilfe, bis der Fischer ihn freigab.

56. (6,35) Was die Geburten der Wölfe betrifft, so stellt Aristoteles eine ganz und gar mythenhafte Beziehung her – er tut dies freilich als einer, der sich dessen bewusst ist –, denn er sagt, dass sie alle in einer einzigen Zwölf-Tage-Periode des Jahres gebären. Der Grund dafür ist, wie es heißt, dass sie Leto in zwölf Tagen von den Hyperboreern nach Delos brachten, wobei sie die Gestalt einer Wölfin annahm.

57. (9,1) Die Eule (Steinkauz) und die Krähe sind Feinde: Während die Krähe bei Tag <die Eier> der Eule <stiehlt>, wenn die Eule nicht sehen kann, tut die Eule dasselbe mit der Krähe bei Nacht, wenn die Krähe nicht sehen kann.

νύκτωρ διὰ τὸ τὴν κορώνην μὴ ὁρᾶν· διὸ καὶ κρατεῖν αὐτῶν τὴν μὲν νύκτωρ, τὴν δὲ μεθ᾽ ἡμέραν.

58. καὶ τὸν ὄνον καὶ τὸν αἴγιθον πολεμεῖν ἑαυτοῖς· παριόντα γὰρ ξύεσθαι εἰς τὰς ἀκάνθας, διά τε οὖν τοῦτο, καὶ ὅταν ὀγκήσαιτο, ἐκβάλλειν τὰ ᾠὰ τοῦ αἰγίθου καὶ τοὺς νεοττοὺς φοβουμένους ἐκπίπτειν· τὸν δὲ διὰ τὴν βλάβην ταύτην κολάπτειν τὰ ἕλκη αὐτοῦ ἐπιπετόμενον.

59. καὶ τὸν αἰσάλωνα δὲ πολέμιον εἶναι τῇ ἀλώπεκι, τὸν δὲ κόρακα καὶ τὴν ἀλώπεκα φίλους· πολεμεῖν δὲ καὶ τὸν κόρακα τῷ αἰσάλωνι, διὸ καὶ τυπτομένῃ τῇ ἀλώπεκι βοηθεῖν.

60a. (1) τοὺς αἰπόλους δέ φησι λέγειν ὅτι, ὅταν τάχιστα ὁ ἥλιος τραπῇ, ἀντιβλέπουσαι αὐτῷ αἱ αἶγες κατάκεινται.

60b. (1) τούτῳ τι παραπλήσιον Λύκος ἱστορεῖ· φησὶ γὰρ ἐν Λιβύῃ τὰ κτήνη τὸν μὲν ἄλλον χρόνον τὰ μὲν αὐτοῖς ἐναντία, τὰ δ᾽ ὡς ἔτυχεν κοιμᾶσθαι, τῇ δὲ νυκτὶ, καθ᾽ ἣν τοῦ Κυνὸς ἀνατολὴ γίνεται, πρὸς αὐτὸ τὸ ἄστρον ἐστραμμένα, καὶ τούτῳ τεκμηρίῳ τῆς ἐπιτολῆς τοὺς ἐκεῖ χρῆσθαι.

πλὴν ὅ γε Ἀριστοτέλης χωρὶς τῆς περὶ τοὺς βίους τῶν ζῴων ἐντρεχείας καὶ τοιαῦτά τινα διεξέρχεται, πάνυ πολλὴν ἐπιμέλειαν πεποιημένος ἐν τοῖς πλείστοις αὐτῶν καὶ οἷον ἔργῳ, οὐ παρέργῳ χρώμενος τῇ περὶ τούτων ἐξηγήσει. τὰ γοῦν πάντα σχεδὸν ἑβδομήκοντα περὶ αὐτῶν καταβέβληται βιβλία, καὶ πεπείραται ἐξηγητικώτερον ἢ ἱστορικώτερον ἐν ἑκάστοις ἀναστρέφεσθαι.

Während also die eine bei Nacht herrscht, tut es die andere bei Tag.

58. (9,1) Auch der Esel und der *Aigithos* liegen miteinander im Streit. Der Esel kommt nämlich vorbei und kratzt sich an den Dornen, und deshalb wirft er, besonders wenn er brüllt, die Eier des *Aigithos* heraus, und die Jungen fallen vor Schreck heraus. Wegen dieser Verletzung fliegt der *Aigithos* auf ihn und pickt seine Wunden auf.

59. (9,1) Und der Merlin (ein kleiner Falke) ist ein Feind des Fuchses, aber der Rabe und der Fuchs sind Freunde: Auch der Rabe führt Krieg gegen den Merlin, weshalb er dem Fuchs zu Hilfe kommt, wenn dieser geschlagen wird.

60a. Er (9,3) sagt, dass die Ziegenhirten sagen, wenn die Sonne sich am schnellsten wendet (Deutung unklar), legen sich die Ziegen mit dem Gesicht zu ihr.

60b. Lykos (FGrHist 570 F 13) berichtet etwas Ähnliches. Er sagt, dass in Libyen die Herden im Allgemeinen so schlafen, dass die einen einander zugewandt sind, während die anderen so schlafen, wie sie zufällig liegen; in derjenigen Nacht aber, in welcher der Hundsstern (Sirius) aufgeht, sind sie alle demselben Stern zugewandt. Die Einwohner nehmen dies als Anzeichen für den Aufgang des Sterns.

Aristoteles geht auch auf andere derartige Dinge ein, abgesehen von den Verständigkeiten der Tiere in Bezug auf ihre Lebensweise, wobei er größtenteils sehr sorgfältig vorgeht, da es sich bei seiner Erklärung um eine große Aufgabe und nicht um ein Nebenwerk handelt. Insgesamt hat er fast 70 Bücher über diese Themen geschrieben und in jedem versucht, sich mehr auf die Deutung als auf die Geschichten zu beschränken.

πρὸς τὴν ἡμετέραν ἐκλογὴν ἐκποιεῖ <τῶν> προῃρημένων αὐτῷ τὸ ξένον καὶ παράδοξον ἔκ τε τούτων καὶ τῶν ἄλλων ἐπιδραμεῖν.

61. λέγει γοῦν τὰ χερσαῖα πάντα ἀναπνεῖν, ὅσα πνεύμονα ἔχει, σφῆκας δὲ καὶ μελίσσας οὐκ ἀναπνεῖν.

62. ὅσα τε κύστιν ἔχει, πάντα καὶ κοιλίαν, ὅσα τε κοιλίαν, <οὐ> πάντα καὶ κύστιν.

63. ἄναιμα δὲ εἶναι πολλὰ μὲν τῶν ζῴων, καθόλου δὲ ὅσα πλείους πόδας ἔχει τεττάρων.

64. ὅσα δὲ τρίχας ἔχει, πάντα ζῳοτοκεῖν· οὐκ ἀντιστρέφει δέ.

65. πάντα τὰ ζῷα κινεῖν τὴν κάτω σιαγόνα πλὴν τοῦ ποταμίου κροκοδείλου· τοῦτον δὲ μόνον τὴν ἄνω.

66. ἐν Ἰλλυριοῖς εἶναι καὶ Παιονίᾳ μωνύχους <ὗς>· μώνυχον δὲ καὶ δίκερων οὐθὲν ἑωρᾶσθαι, μονοκέρατα δὲ καὶ μώνυχα <ὀλίγα>, οἷον τὸν Ἰνδικὸν ὄνον· τοῦτον δὲ καὶ ἀστράγαλον τῶν μωνύχων ἔχειν ζῴων.

67. τῆς δὲ γαλῆς ὀστοῦν εἶναι τὸ αἰδοῖον.

68. τὸ δ᾽ ἄρρεν τοῦ θήλεος πλείους ἔχειν ὀδόντας καὶ ἐν ἀνθρώποις καὶ [τοῖς] ἄλλοις ζῴοις.

Weitere Auszüge
aus Aristoteles, *Tierkunde* 1–5, 8, 6, 9, 7

Was unseren Auszug anbelangt, so genügt es, den seltsamen und paradoxen Inhalt sowohl der genannten Schriften als auch anderer zusammenzufassen.

61. (1,1) Er sagt, dass alle Landtiere, die eine Lunge haben, atmen, dass aber Wespen und Bienen nicht atmen.

62. (1,1) Von den Tieren, die Blasen haben, haben alle auch Därme, aber von denen, die Därme haben, haben nicht alle Blasen.

63. (1,4) Viele Tiere sind blutleer; im Großen und Ganzen gilt das für alle Tiere, die mehr als vier Füße haben.

64. (1,5) Von denen, die Haare haben, bringen alle lebende Nachkommen zur Welt, aber das Gegenteil ist nicht der Fall.

65. (1,11) Alle Lebewesen können ihren Unterkiefer bewegen – außer dem Krokodil, das nur seinen Oberkiefer bewegen kann.

66. (2,1) Bei den Illyriern und in Paionien gibt es ein ‹Schwein› mit ungespaltenen Hufen. Kein zweihörniges Tier wurde mit ungespaltenen Hufen gefunden, und ‹wenige› einhörnige Tiere mit ungespaltenen Hufen, wie der indische Esel (Einhorn? Nashorn?); dieses Tier hat als einziges der Tiere mit ungespaltenen Hufen auch ein Sprungbein.

67. (2,1) Die Genitalien des Wiesels sind knöchern.

68. (2,3) Das Männchen hat mehr Zähne als das Weibchen, sowohl beim Menschen als auch bei anderen Tieren.

69. τὴν δὲ τῶν ἵππων καρδίαν ὀστοῦν καὶ βοῶν δέ τινων.

70. τῶν δ' ἐλάφων τοὺς ἀχαΐνας καλουμένους δοκεῖν ἐν τῇ κέρκῳ τὴν χολὴν ἔχειν.

71. τοὺς δὲ ἰχθῦς οὐκ ἔχειν στόμαχον· διὸ καὶ τῶν μεγάλων, ἕτερον ὅταν διώκωσιν ἐλάττονα, προσπίπτειν τὴν κοιλίαν εἰς τὸ στόμα.

72. (1) τοὺς δὲ ὄφεις πλευρὰς ἔχειν λ'. (2) καὶ ὄμματα δὲ αὐτῶν ἐάν τις ἐκκεντήσῃ, καθάπερ τὰ τῶν χελιδόνων, πάλιν γίνεσθαι.

73. τῶν δ' ἰχθύων τὸν σκάρον μόνον μηρυκάζειν.

74. τοῦ δὲ λέοντος οὕτως εἶναι τὰ ὀστᾶ στερεά, ὥστε πολλάκις κοπτομένων πῦρ ἐκλάμπειν.

75. ἐν Φρυγίᾳ δὲ βοῦς εἶναι, οἳ κινοῦσι τὰ κέρατα.

76. τρίχας δὲ ἔχειν τῶν ζῴων ὅσα πεζὰ καὶ ζῳοτόκα, φολίδας δὲ ὅσα πεζὰ καὶ ᾠοτόκα.

77. ἤδη δέ τισιν κάμνουσιν πολιὰς γίγνεσθαι, ὑγιασθεῖσιν δὲ πάλιν μελαίνας.

78. (1) τὸν δὲ ἐν τῇ Χαλκιδικῇ ποταμὸν τὸν ἐπὶ Θρᾴκης, τὸν καλούμενον Ψυχρόν, ἂν πίωνται τὰ πρόβατα, ἔχειν τὰ γεννώμενα μέλανα ποιεῖν. (2) καὶ ἐν τῇ Ἀντανδρίᾳ δύο ποταμοὺς εἶναι, ὧν τὸν μὲν λευκά, τὸν δὲ μέλανα γεννᾶν. (3) δοκεῖν δὲ καὶ τὸν Σκάμανδρον ξανθὰ ποιεῖν, διὸ καὶ τὸν

69. (2,15) Das Herz des Pferdes ist knöchern, ebenso das einiger Rinder.

70. (2,15) Bei den Hirschkühen scheinen die sogenannten Spießer (zweijährige Tiere) die Galle im Schwanz zu haben.

71. (2,17) Fische haben keine Luftröhre; deshalb fällt der Magen von größeren Fischen nach vorne in ihr Maul, wenn sie kleinere Fische jagen.

72. (1) (2,17) Schlangen haben 30 Rippen. (2) Und wenn man ihnen die Augen aussticht, wachsen sie wieder nach, genau wie die der Schwalbe.

73. (2,17) Von den Fischen ist der *Skaros* der einzige, der wiederkäut.

74. (3,7) Die Knochen des Löwen sind so hart, dass sie, wenn man sie oft zusammenschlägt, Feuer entzünden.

75. (3,9) In Phrygien gibt es Rinder, die ihre Hörner bewegen können.

76. (3,10) Diejenigen Tiere, die Füße haben und lebendgebärend sind, haben Haare, diejenigen, die Füße haben und Eier legend sind, Schuppen.

77. (3,11) Bei manchen Menschen wird das Haar grau, wenn sie krank sind, aber wenn sie gesund sind, wächst es wieder schwarz.

78. (1) (3,12) Wenn Schafe aus dem Fluss namens Psychros in der Chalkidike bei Thrakien trinken, werden ihre Nachkommen schwarz. (2) Und in Antandria gibt es zwei Flüsse, von denen der eine die Nachkommenschaft weiß und der andere schwarz macht. (3) Der Skamandros soll sie gelb ma-

ποιητὴν ἀντὶ Σκαμάνδρου Ξάνθον αὐτὸν προσαγορεύειν. (4) καὶ ἐν τῇ Εὐβοίᾳ δὲ κατὰ τὴν Ἱστιαιῶτιδα τὴν συνορίζουσαν τῇ Χαλκίδι δύο ποταμοί, Κέρων καὶ Νηλεύς, ὧν αἱ μηκάδες ἐὰν περὶ τὸ συλλαμβάνειν οὖσαι πίωσιν, ἐὰν μὲν ἀπὸ ποταμοῦ Κέρωνος, μέλανα τίκτουσιν, ἐὰν δὲ ἀπὸ τοῦ Νηλέως, λευκά.

79. τοὺς δὲ μύρμηκάς φησιν ὑπὸ ὀριγάνου καὶ θείου περιπαττομένους ἐκλείπειν τὰς μυρμηκίας.

80. τὴν δ' ἔγχελυν οὔτ' ἄρρεν εἶναι οὔτε θῆλυ.

81. τοὺς δὲ πέρδικας, ἐὰν κατ' ἄνεμον στῶσιν αἱ θήλειαι τῶν ἀρρένων, ἐγκύους γίνεσθαι.

82. τὸν δὲ καλούμενον ἀστέρα οὕτω διάθερμον εἶναι, ὥσθ', ὅντινα ἂν λάβῃ τῶν ἰχθύων, παραχρῆμα δίεφθον ποιεῖν.

83. ἔχειν δὲ καὶ σπογγίον αἴσθησιν· ἂν γὰρ μέλλοντος ἀποσπᾶν προαίσθηται, συσπᾶσθαι καὶ ἔργον εἶναι ἀφελεῖν· ταὐτὸ δ', ἂν ἄνεμος ἢ κλύδων ᾖ, γίνεσθαι.

84a. (1) εἶναι δὲ καὶ ἐν χιόνι ζῷα σκωληκοειδῆ δασέα. (2) ἐν Κύπρῳ δ', οὗ ἡ χαλκῖτις λίθος καίεται, γίνεσθαι θηρίον μικρῷ μεῖζον μυιῶν· τὸ αὐτὸ δὲ καὶ ἐν τοῖς Καρυστίων χωνευτηρίοις. (3) ἀποθνῄσκειν δὲ τὰ μὲν τῆς χιόνος, τὰ δὲ τοῦ πυρὸς χωριζόμενα.

84b. τὴν δὲ σαλαμάνδραν σβεννύειν τὸ πῦρ.

chen, weshalb der Dichter (Homer, *Ilias* 20,73) ihn statt mit *Skamandros* mit *Xanthos* (»gelb«) anspricht. (4) Und in Euboia, an der Grenze zwischen Histiaia und Chalkis, gibt es zwei Flüsse, den Keron und den Neleus: Wenn Ziegen um die Zeit der Empfängnis aus dem Keron trinken, gebären sie schwarze Nachkommen, wenn sie aber aus dem Neleus trinken, weiße.

79. Aristoteles (4,8) sagt, dass die Ameisen, wenn sie mit Oregano und Schwefel bestreut werden, ihren Ameisenhaufen verlassen.

80. (4,11) Der Aal ist weder männlich noch weiblich.

81. (5,5) Bei den Rebhühnern wird das Weibchen befruchtet, wenn es in Windrichtung des Männchens steht.

82. (5,15) Der sogenannte *aster* (»(See-)Stern«) ist so heiß, dass jeder Fisch, den er ergreift, sofort gekocht wird.

83. (5,16) Und der Schwamm ist wahrnehmungsfähig: Wenn er merkt, dass ihn jemand wegschleppen will, zieht er sich zusammen und ist schwer zu entfernen. Das Gleiche geschieht bei Wind oder rauer See.

84a. (1) (5,19) Im Schnee gibt es zottelige, wurmartige Wesen. (2) Auf Zypern, wo Kupfererz verhüttet wird, entsteht ein Wesen, das etwas größer als eine Fliege ist; dasselbe geschieht in den Öfen von Karystos. (3) Diese Tiere sterben, wenn sie vom Schnee bzw. vom Feuer getrennt werden.

84b. (5,19) Der Salamander löscht das Feuer.

85. περὶ δὲ τὸν Ὕπανιν ποταμὸν τὸν περὶ Βόσπορον τὸν Κιμμέριον περὶ τροπάς γε θερινὰς καταφέρεσθαί φησιν οἷον θυλάκους μείζους ῥαγῶν, ἐξ ὧν ῥηγνυμένων ἐξέρχεσθαι ζῷον πτερωτὸν τετράπουν, ζῆν δὲ μίαν ἡμέραν· ἴδιον δὲ καὶ τὸ πτερωτὸν τετράπουν εἶναι.

86. τὰ δὲ σμήνη ἀπόλλυσθαι, ἐάν τε ἡγεμόν<ες μὴ> ὦσιν, ἐάν τε τοὐναντίον πολλοί.

87. (1) τοὺς δὲ σκορπίους τοὺς χερσαίους ὑπὸ τῶν τέκνων ἀποθνῄσκειν. (2) καὶ φαλάγγια δὲ κτείνειν τὴν τεκοῦσαν, πολλάκις δὲ καὶ τοὺς ἄρρενας· συνεπῳάζειν γάρ.

88. ἐν δὲ τῷ σώματι τῶν ἀνθρώπων γίνεσθαι οἷον ἰόνθους μικρούς· τούτους δὲ ἐάν τις κεντήσῃ, ἐξέρχεσθαι φθεῖρας, καὶ ἐὰν ὑγράσῃ τις, νόσημα τοῦτο ἐμπίπτειν ὥσπερ Ἀλκμᾶνι τῷ λυρικῷ καὶ Φερεκύδει τῷ Συρίῳ.

89. (1) ἴδιον δὲ καὶ τοῦτο, νεκρῶν τινων τοῦ μυελοῦ σαπέντος ἐκ τῆς ῥάχεως ὀφίδια γίνεσθαι, ἐὰν πρὸ τοῦ τελευτᾶν ὄφεως τεθνηκότος ἑλκύσωσι τὴν ὀσμήν. (2) καί τινι καὶ ἐπιγραμματίῳ περιπεπτώκαμεν Ἀρχελάου, οὗ καὶ πρότερον ἐμνήσθημεν, ὃς περὶ τῶν θαυμασίων καὶ τοῦτο καταγράφει, καί φησι·

πάντα δι᾽ ἀλλήλων ὁ πολὺς σφραγίζεται αἰών·
  ἀνδρὸς γὰρ κοίλης ἐκ μυελοῦ ῥάχεως
δεινὸς γίνετ᾽ ὄφις, νέκυος δειλοῖο σαπέντος,
  ὃς νέον ἐκ τούτου πνεῦμα λάβῃ τέρας,

85. Aristoteles (5,19) sagt, dass in der Nähe des Flusses Hypanis im kimmerischen Bosporos (Straße von Kertsch) um die Sommersonnenwende Dinge wie Beutel, die größer als Weintrauben sind, hinuntergetragen werden, aus denen, wenn sie aufbrechen, ein vierfüßiges Tier hervorkommt, das einen Tag lang lebt: Es ist als ein geflügeltes Wesen einzigartig, weil es vierfüßig ist.

86. (5,22) Die Bienenstöcke werden zerstört, wenn es ‹keine› Anführer gibt oder im Gegenteil, wenn es viele sind.

87. (1) (5,26) Landskorpione werden von ihren Kindern getötet. (2) Auch die Giftspinne tötet ihr weibliches Elternteil und oft auch das Männchen, denn sie bebrüten die Eier gemeinsam.

88. (5,31) Im menschlichen Fleisch bilden sich so etwas wie kleine Pusteln: Wenn man sie sticht, kommen Läuse heraus; und wenn ein Mensch feucht ist, kann diese Krankheit tödlich sein, wie (dies) bei dem Lyriker Alkman und bei Pherekydes von Syros (geschah).

89. (1) Auch dies ist eine Besonderheit, dass bei der Verwesung des Rückgrats mancher Leichen kleine Schlangen aus dem Rückgrat entstehen, wenn der Mensch vor dem Tod den Geruch einer toten Schlange eingeatmet hat. (2) Wir sind schon auf ein Epigramm des Archelaos gestoßen, von dem ich schon früher (19,4) gesprochen habe, der dies auch über Wunder schrieb und sagt:

Alle Wesen durchdringen einander
und schließen die lange Ewigkeit ab;
aus der Schnur des hohlen Rückgrats eines Mannes
kommt eine schreckliche Schlange,
wenn der wertlose Körper verrottet ist;
welche Ungeheuerlichkeit ihm neuen Atem entlockt,

τεθνεότος ζωὴν ἕλκων φύσιν· εἰ δὲ τόδ᾽ ἐστίν,
οὐ θαῦμα βλαστεῖν τὸν διφυῆ Κέκροπα.

τοῦτο μὲν οὖν ἐν ἀκοῇ τε [καὶ] φερομένῃ τινὶ καὶ παρέργως ‹ἐν› τῇ τοῦ ἐπιγράμματος ποιοῦμεν μαρτυρίᾳ κεῖσθαι.

90. ὁ δὲ Ἀριστοτέλης [λέγειν] ἐν κηρῷ φησιν γίνεσθαι ζῷον, ὃ δὴ δοκεῖν ἐλάχιστον εἶναι καὶ καλεῖσθαι ἀκαρί.

91. τὸν δὲ ποτάμιον κροκόδειλον ἐξ ἐλαχίστου γίνεσθαι μέγιστον· τὸ μὲν γὰρ ᾠὸν ‹οὐ› μεῖζον γίνεσθαι χηνείου, αὐτὸν δὲ γίνεσθαι καὶ ἑπτακαιδεκάπηχυν.

92. (1) τῶν δὲ καράβων τοὺς πολύποδας κρατεῖν· οὐθὲν γὰρ ὑπὸ τῶν ὀστράκων πάσχειν. (2) τῶν δὲ πολυπόδων τοὺς γόγγρους· οὐθὲν γὰρ αὐτοῖς διὰ τὴν λειότητα δύνασθαι τὸν πολύποδα χρῆσθαι. (3) τοῦ δὲ γόγγρου κάραβον· οὐ γὰρ ἐξολισθαίνειν αὐτόν, ἀλλὰ κατατέμνεσθαι διὰ τὴν τῶν ὀστράκων τραχύτητα.

93. τὸν δὲ κεστρέα φησίν, ὅταν φοβηθῇ, τὴν κεφαλὴν κρύπτειν, ὡς ὅλον τὸ σῶμα κρύπτοντα.

94. τὰ γαμψὰ πάντ᾽ εἶναι μιμητικά.

95. ὑπὸ κυνὸς λυττώσης λυττᾶν πάντα τὰ δηχθέντα πλὴν ἀνθρώπου.

das Lebendige aus dem Toten zu ziehen: Wenn dies so ist,
so ist die Geburt des doppelgestaltigen Kekrops
kein Wunder.
(Archelaos, *Frg.* 125 Lloyd-Jones/Parsons)

Wir machen also aus diesem Phänomen, das nur flüchtig vom Hörensagen und aus bestimmten Redensarten bekannt ist, durch den Beweis des Epigramms eine feste Angabe.

90. Aristoteles (5,32) sagt, dass ein Lebewesen in Wachs entsteht, das als das kleinste von allen gilt und *akari* genannt wird.

91. (5,33) Das Krokodil wächst aus sehr kleinen Anfängen zu einer sehr großen Größe heran. Obwohl sein Ei nicht größer ist als das der Gans, wächst das Krokodil ja selbst auf 17 Ellen (à 1½ Fuß) an.

92. (1) (8,2) Die Kraken herrschen über die Flusskrebse, denn sie werden von deren Schalen nicht verletzt. (2) Und über die Kraken herrschen die Meeraale, denn die Kraken können mit ihnen nicht fertig werden, weil sie so glatt sind. (3) Und über die Meeraale (herrschen) die Flusskrebse, denn die Meeraale können die Flusskrebse nicht abwehren, sondern werden von der Zerklüftung ihrer Schale zerfetzt.

93. (8,2) Er sagt, dass die Meeräsche, wenn sie sich fürchtet, ihren Kopf versteckt, als ob sie ihren ganzen Körper verstecken würde.

94. (8,12) Alle Raubvögel neigen zur Mimikry.

95. (8,22) Jedes Lebewesen, das von einem tollwütigen Hund gebissen wird, wird tollwütig, außer dem Menschen.

96. τῶν ζῴων τὰ μακρὰ ἄρσενα εἶναι, τὰ δ' ὕστερα θήλεα.

97a. καὶ ἐν Αἰγύπτῳ κατορύττοντας εἰς κόπρον νεοττοὺς ποιεῖν.

97b. ἐν Συρακούσαις δὲ φιλοπότην τινὰ εἰς τὴν γῆν κατορύξαι καὶ ἐπιθέντα τὴν ψίεθον ἕως τούτου πίνειν συνεχῶς, ἕως γλυφῆναι τὰ ᾠά.

97c. ἤδη δὲ ‹καὶ› κείμενα ἐν ἀγγείοις ἀλεεινοῖς ἐκτριφθῆναι καὶ προελθεῖν.

98. τῶν δὲ χελιδόνων τοὺς νεοττούς, ἐάν τις ἐκτυφλώσῃ, πάλιν βλέπειν.

99a. τὸν δὲ ἱέρακα τρία μὲν τίκτειν ‹ᾠά, δύο δ' ἐκλέπειν›, αὐξανομένων δὲ τῶν νεοττῶν ἐκλέγειν τὸν ἕνα· οὐ γὰρ δύνασθαι τρέφειν διὰ τὸ τὸν χρόνον τοῦτον τοὺς ὄνυχας αὐτοῦ διαστρέφεσθαι καὶ μηθὲν ἁρπάζειν· τὸν δὲ πλανηθέντα τὴν φήνην ὑποβάλλεσθαι.

99b. καὶ τὸ ὅλως ἐπιεικῶς τοὺς γαμψώνυχας, ὅταν θᾶττον οἱ νεοττοὶ δύνωνται πέτεσθαι, ἐκβάλλειν πλὴν τῆς κορώνης· ταύτην δὲ καὶ πετομένους ἐπί τινα χρόνον ψωμίζειν.

100. κόκκυγος δὲ νεοττοὺς οὐδένα ἑωρακέναι· τίκτειν γὰρ αὐτὸν οὐκ ἐν τῇ ἰδίᾳ νεοττιᾷ, ἀλλ' εἰς τὰς τῶν ὀρνιθίων ἢ εἰς τὰς τῶν φαβῶν ἢ ὑπολαΐδων εἰσπετόμενον, ὅταν καταφάγῃ τὰ προυπάρχοντα ᾠά.

96. (4,11) Bei den Tieren sind die Größeren männlich und die Kleineren weiblich.

97a. (6,2) In Ägypten brüten die Vögel ihre Jungen aus, indem sie die Eier im Dung vergraben.

97b. In Syrakus vergrub ein Trunkenbold (Eier) tief in der Erde, legte eine Binsenmatte darüber und trank ununterbrochen, bis die Eier geschlüpft waren.

97c. Auch bereits in warme Gefäße gelegte Eier wurden ausgerieben und schlüpfen.

98. Die Jungen der Schwalbe erlangen ihr Augenlicht wieder, wenn jemand sie blendet (vgl. 72).

99a. (6,6) Während der Habicht drei ‹Eier trägt, brütet er nur zwei aus›, und wenn die Jungen herangewachsen sind, wählt er eines aus, denn er kann nicht beide füttern, weil während dieser Zeit seine Krallen verbogen sind und er nichts ergreifen kann. Das Junge, das auf der Strecke bleibt, wird dann vom Geier gepflegt.

99b. In fast allen Fällen werfen die Vögel mit krummen Krallen ihre Jungen aus, wenn sie schnell fliegen können, mit Ausnahme der Krähe, die sie auch dann noch eine Zeit lang füttert, wenn sie fliegen können.

100. (6,7) Niemand hat die Jungen des Kuckucks gesehen, denn er legt seine Eier nicht in sein eigenes Nest, sondern fliegt in die Nester kleiner Vögel, entweder in die der Wildtaube oder in die der *Hypolaïs* (Grasmücke?), nachdem er die bereits dort befindlichen Eier aufgefressen hat.

101. τοὺς δὲ πέρδικας <δύο> ποιεῖσθαι σηκοὺς τῶν ᾠῶν καὶ ἐπῳάζειν καὶ τρέφειν ἑκατέρους, καὶ τοὺς νεοττοὺς ὅταν πρῶτον ἐξαγάγωσιν ὀχεύειν αὐτούς.

102. τοὺς <ὗς> δὲ πρὸς ἀλλήλους μάχεσθαι θωρακιζομένους τῷ ἰδίῳ δέρματι, ποιεῖν δὲ τραχὺ ἐκ παρασκευῆς τρίβοντας πρὸς δένδρα καὶ τῷ πηλῷ μολύνοντας καὶ ξηραίνοντας. (2) φάναι δέ τινας καταγράφει, ὡς αὐτὸς οὐ πεπειραμένος, ὅτι, ἂν ὗς τὸν ἕτερον ὀφθαλμὸν ἐκκοπῇ, ἀποθνῄσκει ταχέως.

103. (1) αἶγας δὲ καὶ πρόβατα βορείοις μὲν ὀχευόμενα ἀρσενοτοκεῖν ὡς τὸ πολύ, νοτίοις δὲ θηλυτοκεῖν. (2) λευκὰ δὲ τὰ γεννώμενα γίνεσθαι, ἐὰν ὑπὸ τῇ γλώττῃ τοῦ κριοῦ λευκαὶ φλέβες ὦσιν, μέλανα δὲ ἐὰν μέλαιναι. ὡσαύτως δὲ καὶ ἐπὶ τῶν πυρρῶν. (3) πρότερον δὲ ὀχεύεσθαι <τὰ> τὸ ἁλυκὸν ὕδωρ πίνοντα.

104. τοὺς δὲ Λακωνικοὺς κύνας πονήσαντας μᾶλλον ὀχεύειν.

105. (1) θαυμασιωτάτην δ᾽εἶναι τῷ τάχει τὴν τῶν μυῶν γένεσιν· ἤδη γάρ ποτε τῆς θηλείας κυούσης καὶ ἐναποληφθείσης ἐν ἀγγείῳ φανῆναι μετ᾽ οὐ πολὺν χρόνον μῦς εἴκοσιν καὶ ἑκατόν. (2) τῆς δὲ Περσικῆς ἔν τισι <τόποις> ἀνασχιζομένων τῶν θηλείων τῶν μυῶν τὰ ἔμβρυα ἤδη κύοντα εὑρίσκεσθαι.

106. αἰγίθου δὲ λέγεται καὶ ἀκανθίδος αἷμα μόλις μίγνυσθαι.

101. (6,8) Rebhühner bauen <zwei> Abteile im Nest für ihre Eier, und jedes von ihnen (also Männchen und Weibchen) bebrütet und zieht die Jungen auf, und sie kopulieren mit den Jungen, wenn sie sie zum ersten Mal hinausführen.

102. (1) (6,18) <Eber> kämpfen gegeneinander, gepanzert mit ihrem eigenen Fell, das sie zur Vorbereitung rau machen, indem sie es an Bäumen reiben und sich im Schlamm suhlen und trocknen lassen. (2) Er berichtet, dass einige sagen – als ob er selbst keine direkte Erfahrung damit hätte –, dass ein Schwein, dem eines seiner Augen ausgestochen wird, bald darauf stirbt.

103. (1) (6,19) Ziegen und Schafe gebären zumeist männliche Nachkommen, wenn sie bei Nordwind kopulieren, bei Südwind aber weibliche. (2) Die Nachkommen sind weiß, wenn sich unter der Zunge des Schafbocks weiße Adern befinden, aber schwarz, wenn die Adern schwarz sind. Das gleiche Prinzip gilt für rote Nachkommen. (3) <Diejenigen>, die Salzwasser trinken, werden als erste bestiegen.

104. (6,20) Lakonische Hunde kopulieren besser, wenn sie müde sind.

105. (1) (6,37) Die Fortpflanzung von Mäusen ist erstaunlich schnell: Ein trächtiges Weibchen wurde einmal in einem Gefäß gefangen und nach kurzer Zeit kamen 120 Mäuse zum Vorschein. (2) An manchen Orten in Persien entdeckt man beim Sezieren des Mäuseweibchens, dass die Embryonen bereits trächtig sind.

106. (9,1) Es heißt, dass sich das Blut des *Aigithos* und des Stieglitzes kaum vermischen.

107. τῶν δὲ αἰγῶν ὅταν μία τις λάβῃ τὸ ἄκρον τοῦ ἠρύγγου – ἔστιν δ' οἷον θρίξ – τὰς ἄλλας ἑστάναι οἷον μεμωρωμένας ἐμβλεπούσας εἰς ἐκείνην.

108. τὸ δὲ τῆς ἴκτιδος αἰδοῖον εἶναι μὲν ὀστοῦν· δοκεῖν δὲ εἶναι φάρμακον στραγγουρίας.

109a. εὐνοῦχον δὲ φαλακρὸν οὐδένα γίνεσθαι.

109b. τὰς δευτερογονεῖς τρίχας τοὺς μὲν ἐκ παιδὸς διαφθαρέντας οὐκ ἴσχειν, τοὺς δὲ ὕστερον ἀποβάλλειν πλὴν ἐπὶ τῆς ἥβης.

110. (1) γυναῖκα τίκτειν πλεῖστα πέντε. καὶ μνημονεύεσθαι μίαν ἐν τέτταρσιν τόκοις εἴκοσι τετοκυῖαν καὶ τὰ πλεῖστα τούτων ἐκτραφέντα. (2) ἐὰν ‹ἁλὶ› δὲ κύουσα δαψιλεστέρῳ χρήσηται, οὐκ ἔχοντα ὄνυχας γίνεσθαι τὰ παιδία.

111. εἶναι δὲ καὶ ἄνδρας καὶ γυναῖκας θηλυγόνους καὶ ἀρρενογόνους, ὃ καὶ περὶ τοῦ Ἡρακλέους ἱστορεῖται· ἐν δύο γὰρ καὶ ἑβδομήκοντα τέκνοις μίαν αὐτὸν γεννῆσαι θυγατέρα.

112a. γίνεσθαι δέ τινας καὶ ἐκ χωλῶν καὶ ἐκ τυφλῶν ὁμοίως τυφλοὺς καὶ χωλούς· ἤδη δέ τινας καὶ στίγματα ἐνηνοχέναι.

112b. ἐν Ἤλιδι δὲ ἐκ τῆς ὑπό του Αἰθίοπος μοιχευθείσης θυγατέρα μὲν γενέσθαι λευκήν, τὸν δὲ ἐκ ταύτης Αἰθίοπα.

113. τὰ δὲ παιδία, ἄχρι γένηται τετταράκοντα ἡμερῶν, ἐγρηγορότα μὲν οὐ γελᾶν οὐδὲ δακρύειν, ὑπνοῦντα δὲ ἀμφότερα.

107. (9,3) Wann immer eine Ziege die Spitze ihres Bartes berührt – er ist wie ein Haar –, stehen die anderen wie betäubt da und starren sie an.

108. (9,6) Die Genitalien des Marders sind knochig und sollen ein Mittel gegen Würgereiz sein.

109a. (9,50) Kein Eunuch bekommt eine Glatze.

109b. Bei Eunuchen, die als Kinder kastriert wurden, setzt der zweite Haarwuchs nicht ein, während bei später kastrierten Eunuchen alle Haare bis auf das Schamhaar ausfallen.

110. (1) (8,4) Eine Frau bringt höchstens fünf Kinder auf einmal zur Welt; eine aber ist denkwürdig, weil sie von vier Geburten 20 Kinder hatte und die meisten von ihnen aufgezogen hat. (2) Wenn eine Frau während der Schwangerschaft zu viel Salz verwendet, werden die Kinder ohne Nägel geboren.

111. (7,6) Es gibt sowohl Männer als auch Frauen, die (fast nur) weibliche bzw. männliche Nachkommen haben, wie es von Herakles erzählt wird: Von 72 Kindern zeugte er nur eine Tochter.

112a. (7,6) Es gibt Menschen, die von lahmen oder blinden Eltern geboren werden, die auch lahm oder blind sind; es gibt Fälle, in denen sogar Stigmata vererbt worden sind.

112b. In Elis gebar eine Frau, die mit einem Aithiopier Ehebruch begangen hatte, eine weiße Tochter, aber das Kind der Tochter war aithiopisch.

113. (7,10) Kinder im Alter von bis zu 40 Tagen lachen und weinen nicht im Wachzustand, sondern tun beides (nur) im Schlaf.

114a. καὶ φυσιογνωμονεῖ δέ τινα τοιαῦτα· τοῖς τὸ μέτωπον μέγα ἔχουσιν βραδυτέροις γίνεσθαι, μικρὸν δὲ εὐκινήτοις – ὡς ἐπὶ τὸ πολὺ προστιθεὶς ἐν ἑκάστοις – οἷς πλατὺ ἐκστατικοῖς.

114b. ὀφρῦς εὐθείας μαλακοῦ ἤθους, πρὸς τὴν ῥῖνα κεκαμμένας στρυφνοῦ, πρὸς τοὺς κροτάφους μώκου καὶ εἴρωνος.

114c. κανθοὺς κρεώδεις πονηρίας, ὦτα μέσα βελτίστου ἤθους, τὰ δὲ μεγάλα καὶ ἐπανεστηκότα μωρολογίας καὶ ἀδολεσχίας.

115. (1) τῶν δὲ θηλέων ζῴων ῥοπικώτερόν φησιν εἶναι πρὸς τὴν συνουσίαν ἵππον, καὶ ἱππομανεῖν ἰσχυρῶς, ὅθεν καὶ πρὸς τὴν βλασφημίαν ἀπὸ τούτου μεταφέρεσθαι καὶ τὰς πρὸς τὰ ἀφροδίσια κεκινημένας ὀνειδίζεσθαι. (2) φαίνεται δὲ καὶ Αἰσχύλος ἱστορικῶς τὸ τοιοῦτον οὕτως πως εἰρηκέναι πρὸς τὰς παρθένους ἐν ταῖς Τοξότισιν·

†άδων ταῖς† ἁγναῖς παρθένοις γαμηλίων
λέκτρων †αστειμη† βλεμμάτων ῥέπει βολή

καὶ διαλιπὼν προσέθηκεν

οὔ με μὴ λάθῃ φλέγων
ὀφθαλμός, ἥτις ἀνδρὸς ᾖ γεγευμένη·
ἔχω δὲ τούτων θυμὸν ἱππογνώμονα.

114a. (1,8-9) Aus einigen Merkmalen leitet er den Charakter wie folgt ab: Wer eine große Stirn hat, ist träge, wer eine kleine hat, ist flink – wobei er hinzufügt, dass dies in jedem Fall zutrifft; wer eine breite Stirn hat, ist reizbar.

114b. Gerade Augenbrauen deuten auf ein sanftes Wesen hin; solche, die zur Nase hin gebogen sind, auf ein raues, zu den Schläfen hin auf ein spöttisches und ironisches.

114c. Wenn der Augenwinkel fleischig ist, deutet das auf einen unehrlichen Charakter hin; mittelgroße Ohren sind ein Zeichen für den feinsten Charakter, aber große und abstehende Ohren deuten auf dummes Gerede und Geschwätzigkeit hin.

115. (1) (6,18) Er sagt, dass von den weiblichen Tieren das Pferd sehr zur Sexualität neigt und äußerst »pferdeverrückt« ist, wovon das Wort auch als Schimpfwort übertragen und als Tadel für Frauen verwendet wird, die sehr sexuell gierig sind. (2) Auch Aischylos scheint in *Die Bogenschützinnen* aus eigener Erfahrung Ähnliches in Bezug auf die Jungfrauen gesagt zu haben:

> … den heiligen Jungfrauen des ehelichen
> Betts (unkundig) … ist der Blick der Augen gesenkt.
> (Aischylos, *Frg.* 242 Radt)

und nach einer Pause fügte er hinzu:

> nicht ist mir verborgen das Leuchten
> ihres Auges, wer auch immer sie sein mag,
> die von einem Mann gekostet hat:
> Ich habe darin den Geist eines Pferderichters.
> (Aischylos, *Frg.* 243 Radt)

πολλῶν δὲ ὄντων, ὧν καταγέγραφεν Ἀριστοτέλης, ἐπὶ τοσοῦτον ἠδυνήθημεν ἡμεῖς ἐπὶ τοῦ παρόντος τὰ μὲν ἐκλέξαι, τὰ δ᾽ ἀναμνησθῆναι.

Da es viele Dinge gibt, von denen Aristoteles geschrieben hat, konnten wir an dieser Stelle nur einige davon herausgreifen und andere erwähnen.

116. <…> φησὶν δ' ὁ ἱστοριογράφος Ἀρσάμην τὸν Πέρσην εὐθὺς ἐκ γενετῆς ὀδόντας ἔχειν.

117. Μυρσίλος δὲ ὁ Λέσβιος Λοκροὺς τοὺς Ὀζόλας τῆς ἐπιδημίου ἐπωνυμίας τετυχηκέναι, ὅτι τῆς χώρας τῆς αὐτῶν <τὸ ὕδωρ> ὄζει καὶ μάλιστα τοῦ Ταφίου καλουμένου ὄρους· καὶ ῥεῖν αὐτόθεν εἰς θάλασσαν ὥσπερ πύον· τεθάφθαι δ' ἐν τῷ ὄρει τούτῳ Νέσσον τὸν Κένταυρον, ὃν Ἡρακλῆς ἀπέκτεινεν.

118. τὰς δὲ Λημνίας δυσόσμους γενέσθαι Μηδείας ἀφικομένης μετ' Ἰάσονος καὶ φάρμακα ἐμβαλούσης εἰς τὴν νῆσον· κατὰ δή τινα χρόνον καὶ μάλιστα ἐν ταύταις ταῖς ἡμέραις, ἐν αἷς ἱστοροῦσιν τὴν Μήδειαν παραγενέσθαι, δυσώδεις αὐτὰς οὕτως γίνεσθαι, ὥστε μηδένα προσιέναι.

119. (1) Θεόπομπος δέ φησιν ὁ ἱστοριογράφος τὸ καλούμενον ἀκόνιτον γίνεσθαι ἐν ταῖς περὶ Ἡράκλειαν τὴν ἐν τῷ Πόντῳ ὀνομαζομέναις Ἀκόναις, ὅθεν καὶ τῆς προσηγορίας τετυχηκέναι. δυναμικὸν ἐναργῶς δ' ὂν οὐκ ἐνεργεῖν οὐθέν, ἂν πίῃ τις πήγανον ταύτην τὴν ἡμέραν. (2) ὥστε Κλεάρχου τοῦ τυράννου πολλοὺς ἀποκτείναντος φαρμάκῳ καὶ πειρωμένου λανθάνειν, ὡς ἐγένετο συμφανές, τοὺς πλείστους Ἡρακλεωτῶν οὐ πρότερον ἐξιέναι πρὸ τοῦ φαγεῖν πήγανον. γράφει δὲ καὶ τὴν πρόφασιν καὶ τὴν ἀρχήν, ἐξ ἧς ὤφθη, σφόδρα μακρῶς, διὸ καὶ παρελείπομεν.

120. ὁ δὲ τοὺς Σαμιακοὺς ὥρους συγγεγραφὼς ἐπὶ τῶν πρώτων κληθέντων μυθιητῶν τῶν περὶ Ἡρόστρατόν φησιν χελιδόνα λευκὴν φανῆναι.

(zu μυθιητῶν s. Lobel 1927)

116. <… (?Ktesias FGrHist 668 F 72)> der Historiker sagt, dass Arsames, der Perser, von Geburt an Zähne hatte.

117. Myrsilos von Lesbos (FGrHist 477 F 6) sagt, dass die ozolischen Lokrer zu ihrem gemeinsamen Beinamen kamen, weil <das Wasser> ihres Landes stinkt (*ozei*), vor allem das Wasser des Berges, der Taphion genannt wird, und dass es von diesem Ort ins Meer fließt wie Eiter. Nessos, der Kentaur, den Herakles erschlug, ist in diesem Berg begraben.

118. Die lemnischen Frauen wurden übelriechend, als Medeia mit Iason ankam und Gift auf die Insel warf: Zu bestimmten Zeiten und besonders an den Tagen, an denen sie erzählen, dass Medeia anwesend war, werden die Frauen so übelriechend, dass sich ihnen niemand nähern will. (Myrsilos von Lesbos FGrHist 477 F 1b)

119. (1) Der Geschichtsschreiber Theopompos (FGrHist 115 F 181b) sagt, dass das sogenannte *Akoniton*(-Gift) aus dem Ort Akonai in der Nähe von Herakleia in Pontos stammt, woher es auch seinen Namen *Akoniton* erhalten hat. Obwohl es offensichtlich wirksam ist, bleibt es wirkungslos, wenn man an demselben Tag Raute trinkt. (2) Als der Tyrann Klearchos viele mit Gift tötete und versuchte, sich der Entdeckung zu entziehen, verließen die meisten Herakleoten, sobald die Situation klar war, ihre Häuser nicht, bevor sie nicht die Weinraute gegessen hatten. Theopompos schreibt sowohl die Ursache als auch den Ursprung, wie sich dies manifestierte, sehr ausführlich, weshalb ich es ausgelassen habe.

120. Der Verfasser der Samischen Annalen (FGrHist 544 F 1) sagt, dass eine weiße Schwalbe in der Gegenwart der ersten von denjenigen erschien, die *mythietai* (eine erfolgreiche Bürgerkriegsgruppe) um Herostratos genannt wurden.

121. Ἵππυς δὲ ὁ Ῥηγῖνος [περὶ τῶν λεγομένων τόπων φθείρειν τὰ ἐμπίπτοντα] τοιοῦτόν τι γράφει. φησὶν [ἐν Ἀθήναις ἐπὶ βασιλέως Ἐπαινέτου ὀλυμπιάδος ἕκτης καὶ τριακοστῆς, ἐν ᾗ Ἀρυτάμας Λάκων νικᾷ στάδιον] τῆς Σικελίας ἐν Παλικίοις οἰκοδομηθῆναι τόπον, εἰς ὃν ὅστις ἂν εἰσέλθῃ, εἰ μὲν κατακλιθείη, ἀποθνῄσκειν, εἰ δὲ περιπατοίη, οὐδὲν πάσχειν.

122. ἱστορεῖται δὲ καὶ περὶ τὴν Λευκὴν νῆσον μηθὲν ὑπεραίρειν δύνασθαι τῶν ὀρνέων τῇ πτήσει τὸν τοῦ Ἀχιλλέως ναόν.

123. καὶ πολλαχοῦ δὲ ἔοικεν τό τε τῶν βαράθρων καλουμένων καὶ Χαρωνίων εἶναι γένος, οἷον ὅ τε Κίμμερος καλούμενος ὁ περὶ Φρυγίαν βόθυνος, ὡς Εὔδοξός φησιν, καὶ τὸ ἐν Λάτμῳ ὄρυγμα.

124a. καὶ τὰ τῇ σελήνῃ συναυξανόμενά τε καὶ συμφθίνοντα, οἷον τὰ τῶν μυῶν ἥπατα, ἴδια· λέγεται γὰρ καὶ συμπληροῦσθαι καὶ συμφθίνειν καὶ συναύξεσθαι τῷ μηνί, διὸ καὶ παρὰ πολλοῖς ἐν παροιμίας εἰρῆσθαι μέρει ἐπὶ τῶν θαυμαστῶν τεράτων »μυῶν ἥπατα«.

124b. (1) καὶ τὰ τῶν θαλαττίων δὲ ἐχίνων ᾠὰ ταὐτὸ πάσχειν. (2) ἴδιον δὲ καὶ τὸ πάντας αὐτοὺς ἔχειν πέντε καὶ ἴσον ἀλλήλων διεστηκότα καὶ περὶ τὴν περιφέρειαν τοῦ ὀστρά‹κου…› κύκλον, ὥστε ἴσας τὰς ἐκ τοῦ κέντρου προσπίπτειν αὐτῇ.

125. φασὶν δὲ καὶ [περὶ] τὸν τῆς Ἰταλίας πορθμὸν φθίνειν καὶ πληροῦσθαι κατὰ τὴν μείωσιν τῆς σελήνης καὶ αὔξησιν.

121. Hippys von Rhegion (FGrHist 554 F *3) [über Orte, von denen gesagt wird, dass sie diejenigen töten, die sie betreten] schreibt etwas Derartiges. Er sagt, dass [als Epainetos Basileus in Athen war, in der 36. Olympiade (636 v. Chr.), in der Arytamas, der Lakonier, im Stadionlauf siegte] in Palike in Sizilien ein Ort gebaut wurde, in dem jeder, der ihn betrat, starb, wenn er sich hinlegte, aber nichts erlitt, wenn er herumlief.

122. Auch von der Insel Leuke ist überliefert, dass keiner der Vögel in der Lage ist, sich im Flug über den Tempel des Achilleus zu erheben.

123. Es scheint, dass es an vielen Orten eine Grube gibt, die *Barathron* oder *Charonion* genannt wird, wie die Kluft, die Kimmeris genannt wird, in der Nähe von Phrygien, wie Eudoxos (*Frg.* 337 Lasserre) sagt, und das *Orygma* in Latmos.

124a. Die Dinge, die mit dem Mond zu- und abnehmen, sind singulär, so etwa die Lebern der Mäuse. Von diesen wird nämlich gesagt wird, dass sie mit dem Mond voll werden und ab- und zunehmen. Deshalb wird ist bei vielen sprichwörtlich bei Dingen, die unter die Klasse der erstaunlichen Wunder fallen, die Formulierung »Mäuseleber« üblich.

124b. (1) Auch die Eier des Seeigels erleben dies. (2) Es ist eine Besonderheit, dass alle Seeigel fünf Eier haben, die in gleichen Abständen voneinander und in einem Kreis um den Umfang der Schale ‹…› angeordnet sind, so dass sie sich in gleichen (Radien) von den Stacheln aus treffen.

125. Man sagt auch, dass die Meerenge von Italien je nach dem Ab- und Zunehmen des Mondes abnimmt und sich füllt.

126a. Ἑλλάνικος δ' ὁ Λέσβιος ἐν Θήβαις ταῖς Αἰγυπτίαις ἱστορεῖ σπήλαιον ‹εἶναι› ἐν ἄστει, καθ' ὃ [εἶναι] μόνον τὰς μὲν τριακάδας νηνεμίαν, τὰς δ' ἄλλας ἡμέρας ἄνεμον.

126b. (1) δόξαι δ' ‹ἂν› ἀνεξέταστόν τι ἔχειν καὶ δυσπαρατήρητον ἡ ἐκλογή, καθάπερ ὁ Εὔριπος ταῖς ἑβδόμαις οὐ στρέφεται. (2) καὶ ὅτι οἱ μύρμηκες ταῖς νουμηνίαις ἀναπαύονται.

127. (1) οἱ Δελφοὶ δὲ λέγουσιν ὅτι ἐν τῷ Παρνασσῷ κατά τινας χρόνους τὸ Κωρύκιον φαίνεσθαι χρυσοειδές. (2) διὸ καὶ τὸν Φιλόξενον οὐδεὶς ἂν εἰκονολογεῖν εἴποι λέγονθ' οὕτως·

αὐτοὶ γὰρ διὰ Παρνασσοῦ
χρυσορόφων νυμφέων εἴσω θαλάμων.

128a. ἐν δὲ τοῖς Ψύλλοις λέγεται τὰς ποίμνας διὰ πέμπτης ἡμέρας ποτίζεσθαι. (zu Ψύλλοις s. Musso 1973)

128b. τούτου δὲ τερατωδέστερον ἐν Ζακύνθῳ· ὑπὸ γὰρ τοὺς ἐτησίας χαίνοντες ἑστήκασιν οἱ τράγοι πρὸς τὸν βορέαν καὶ τοῦτο πράττοντες οὐ προσδέονται ὕδατος οὐδὲ πίνουσιν.

126a. Hellanikos von Lesbos (FGrHist 4 F 174 = 608a F 5) berichtet, dass es in der Stadt Theben in Ägypten eine Höhle gibt, in der allein am 30. Tag des Monats windstill ist, an den anderen Tagen aber ein Wind weht.

126b. (1) Ein Auszug, der unmöglich zu untersuchen und schwer zu erforschen mag: Der Euripos (der Meereskanal zwischen der Insel Euboia und dem Festland, dessen Strömungsrichtung sich alle gut 6 Stunden regelmäßig ändert) ändert sich am siebten Tag des Monats nicht. (2) Ebenso (schwer zu erforschen ist), dass die Ameisen bei Neumond eine Ruhepause einlegen.

127. (1) Die Delphier sagen, dass auf dem (Berg) Parnassos das Korykion (eine Grotte oberhalb von Delphi) zu bestimmten Zeiten golden erscheint. (2) Deshalb kann niemand behaupten, Philoxenos spreche im übertragenen Sinne, wenn er Folgendes sagt:

Sie selbst sind ja durch Parnassos
in den goldgedeckten Gemächern der Nymphen.
(Philoxenos, *Frg.* 16 Page)

128a. Bei den Psylloi, so heißt es, trinken die Schafe nur alle vier Tage.

128b. Etwas noch Erstaunlicheres als dies soll in Zakynthos geschehen: Wenn die Etesischen Winde (Sommerwinde in der Ägäis) wehen, stehen die Ziegenböcke mit aufgerissenen Mäulern dem Nordwind entgegen, und so brauchen sie weder Wasser noch trinken sie.

129. (1) πεποίηται δέ τινα καὶ ὁ Κυρηναῖος Καλλίμαχος ἐκλογὴν τῶν παραδόξων, ἧς ἀναγράφομεν ὅσα ποτὲ ἡμῖν ἐφαίνετο εἶναι ἀκοῆς ἄξια.

(1bis) φησὶν Εὔδοξον ἱστορεῖν, ὅτι ἐν τῇ κατὰ Ἱερὸν ὄρος θαλάττῃ τῆς Θρᾴκης ἐπιπολάζει κατά τινας χρόνους ἄσφαλτος. (2) ἡ δὲ κατὰ Χελιδονίας ὅτι ἐπὶ πολὺν τόπον ἔχει γλυκείας πηγάς.

130. Θεόφραστον δὲ τὴν περὶ τὰς Αἰόλου νήσους ἀναζεῖν οὕτως ἐπὶ δύο πλέθρων τὸ μῆκος, ὥστε μὴ δυνατὸν εἶναι διὰ τὴν θερμασίαν ἐμβαίνειν εἰς ταύτην.

131. ἐκ δὲ τῆς κατὰ Δημόνησον τὴν Καλχηδονίων τοὺς κολυμβητὰς ἀναφέρειν εἰς δύο ὀργυιὰς χαλκόν, ἐξ οὗ καὶ τοὺς ἐν Φενεῷ τοὺς ὑπὸ Ἡρακλέους ἀνατεθέντας ἀνδριάντας εἰργάσθαι.

132. Μεγασθένην δὲ τὸν τὰ Ἰνδικὰ γεγραφότα ἱστορεῖν ἐν τῇ κατὰ τὴν Ἰνδικὴν θαλάττῃ δένδρεα φύεσθαι.

133. (1) περὶ δὲ τῶν ποταμῶν καὶ κρηνῶν Λύκον μέν φησιν λέγειν, ὅτι ὁ μὲν Κάμικος θαλάττης ζεούσης <εἰσ>ρεῖ· (2) ὁ δὲ †Κάπαιος† καὶ Κριμισὸς ὅτι τὰ μὲν ἐπιπολῆς τῶν ὑδάτων εἰσὶ ψυχροί, τὰ δὲ κάτω θερμοί. (3) τὸν δ' Ἱμέραν ἐκ μιᾶς πηγῆς σχιζόμενον τὸ μὲν ἁλυκὸν τῶν ῥείθρων ἔχειν, τὸ δὲ πότιμον.

134. Τίμαιον δὲ τῶν ἐν Ἰταλίᾳ ποταμῶν ἱστορεῖν Κρᾶθιν ξανθίζειν τὰς τρίχας.

129. (1) Auch Kallimachos von Kyrene (*Frg.* 407 Pfeiffer) hat einen Auszug aus *Paradoxa* gemacht, von denen ich so viele aufschreiben werde, wie mir hörenswert erscheinen.

(1bis) Er sagt, dass Eudoxos (*Frg.* 347 Lasserre) berichtet, dass der Asphalt im Thrakischen Meer unterhalb des Hieron Oros (»Heiligen Bergs«) hin und wieder an die Oberfläche steigt. (2) (Eudoxos *Frg.* 362 Lasserre) Das Meer unterhalb der Chelidoniai hat über ein großes Gebiet hinweg süße Quellen.

130. Er sagt, dass Theophrastos (*Frg.* 164 Wimmer) berichtet, dass das Meer um die Inseln des Aiolos (auf einer Strecke von) 2 Plethren (à 100 Fuß) kocht, so dass es unmöglich ist, wegen der Hitze an Land zu gehen.

131. Aus dem Meer unterhalb des Demonesos bei Chalkedon brachten Taucher (aus einer Tiefe) von 2 Klaftern (à 6 Fuß) Bronze herauf, aus der die von Herakles in Pheneus geweihten Statuen gefertigt wurden.

132. Er sagt, dass Megasthenes (FGrHist 715 F), der die *Indika* schrieb, berichtete, dass im Meer um Indien Bäume wachsen.

133. (1) Er sagt, dass Lykos (FGrHist 570 F 8) über Flüsse und Quellen sagt, dass der Kamikos ‹in› ein kochendes Meer fließt; (2) und vom †Kapaios† und Krinisos, dass das Wasser an der Oberfläche kalt ist, während das darunter liegende heiß ist. (3) (Der Fluss) Himera teilt sich von einer Quelle aus in zwei Ströme, von denen der eine salziges Wasser, der andere trinkbares Wasser enthält.

134. Er sagt, dass Timaios (FGrHist 566 F 46) von den Flüssen in Italien sagt, dass der Krathis das Haar gelb färbt.

135. (1) Πολύκριτον δὲ καταγεγραφέναι τὸν μὲν ἐν Σόλοις οὐ ψευδῶς ὠνομάσθαι Λίπαριν, ἀλλ᾽ οὕτως ἀπολιπαίνειν, ὥστε μὴ προσδεῖσθαι ἀλείμματος. (2) τὸν δὲ ἐν Παμφυλίᾳ Μούαβιν ἀπολιθοῦν, ἐάν τις ἐμβάλῃ, στοιβὴν ἢ πλίνθον.

136. (1) περὶ δὲ τὴν τῶν Ἀγριέων Θρᾳκῶν χώραν φησὶν ποταμὸν προσαγορευόμενον Πόντον καταφέρειν λίθους ἀνθρακώδεις· τούτους δὲ κάεσθαι μέν, πᾶν δὲ τοὐναντίον πάσχειν τοῖς ἐκ τῶν ξύλων ἀνθρακευομένοις· ὑπὸ μὲν γὰρ τῶν ῥιπίδων πνευματιζομένους σβέννυσθαι, τῷ δὲ ὕδατι ῥαινομένους βέλτιον κάεσθαι. (2) τὴν δ᾽ ὀσμὴν αὐτῶν οὐδὲν ὑπομένειν ἑρπετόν.

137. τὴν δ᾽ ἐν Λούσοις κρήνην, καθάπερ παρὰ τοῖς Λαμψακηνοῖς, ἔχειν ἐν ἑαυτῇ μῦς ὁμοίους τοῖς κατοικιδίοις. ἱστορεῖν δὲ ταῦτα Θεόπομπον.

138. Εὔδοξον δὲ τὴν ἐν Ἅλῳ Ὀφιοῦσσαν τὸν ἀλφὸν παύειν.

139. (1) Λύκον δὲ τὸν Ῥηγῖνον λέγειν τὴν μὲν ἐν τῇ Σικανῶν χώρᾳ φέρειν ὄξος, ᾧπερ ἐπὶ τῶν ἐδεσμάτων χρῶνται. (2) τὴν δὲ ἐν Μυτιστράτῳ οἷον ἐλαίῳ ῥεῖν· τοῦτο δ᾽ ἔν τε τοῖς λύχνοις κάεσθαι καὶ δύνασθαι φύματα καὶ ψώραν ἰᾶσθαι, προσαγορευόμενον Μυτιστράτιον. (3) πλησίον δὲ εἶναι τὴν ἀπὸ μὲν Ἀρκτούρου μέχρι Πλειάδος ἀναβάλλουσαν οὐθενὸς χεῖρον τῶν ἄλλων ὑδάτων, ἀπὸ δὲ Πλειάδος μέχρι πρὸς Ἀρκτοῦρον τῆς μὲν ἡμέρας καπνὸν ἀναφέρουσαν καὶ πνέουσαν θερμόν, ἐν δὲ τῇ νυκτὶ φλογὸς πληρουμένην.

135. (1) Er sagt, Polykritos (FGrHist 559 F 4a) habe aufgeschrieben, dass der Liparis in Soloi keinen falschen Namen trage, sondern so fettig (*lipos*, »Fett«) sei, dass man keine Salbe benötige. (2) Der Mouabis in Pamphylien verwandelt Stroh oder Ziegel zu Stein, wenn man sie hineinwirft.

136. (1) Er sagt, dass in der Gegend von Thrakia Agriaia der Fluss, der Pontos genannt wird, kohleähnliche Steine herabbringt, und dass diese zwar brennen, aber auf eine ganz andere Weise als Holzkohle: Wenn man sie nämlich mit dem Blasebalg anbläst, werden sie gelöscht, aber wenn man sie mit Wasser besprengt, brennen sie umso besser. (2) Kein kriechendes Wesen kann ihren Geruch ertragen. (Theopompos FGrHist F 115 F 268a)

137. Die Quelle in Lusoi, genau wie die der Lampsakener, beherbergt eine Maus wie eine Hausmaus. Er sagt, dass Theopompos (FGrHist 115 F 269) dies berichtet.

138. Er sagt, dass Eudoxos (*Frg.* 355 Lasserre) sagt, dass die Ophioussa in Alos den weißen Aussatz beendet.

139. (1) Er sagt, dass Lykos von Rhegion (FGrHist 570 F 9) sagt, dass die Quelle in der Region der Sikanier Essig führt, den sie für ihre Speisen verwenden. (2) Die Quelle in Mytistratos fließt wie Olivenöl, das in Lampen verbrannt wird und Tumore und die Räude heilen kann und Mytistration genannt wird. (3) In der Nähe gibt es eine Quelle, die vom Aufgang des Arkturos (α Bootis) bis zu dem der Pleiaden Wasser führt, das nicht schlechter ist als jede andere Quelle; aber von den Pleiaden bis zum Arkturos stößt sie tagsüber Rauch aus und verströmt Hitze, während sie nachts voller Flammen ist.

(Laut Coppola 2000 ist das Castellazzo di Marianopoli.)

140. (1) Ἀρέθουσαν δὲ τὴν ἐν Συρακούσαις, ὥσπερ οἱ λοιποί φασιν καὶ Πίνδαρος, τὴν πηγὴν ἔχειν ἐκ τοῦ κατὰ τὴν Ἠλείαν Ἀλφειοῦ· διὸ καὶ ταῖς Ὀλυμπικαῖς ἡμέραις, ὅταν ἐν τῷ ποταμῷ ἀποπλύνωσιν τῶν θυμάτων τὰς κοιλίας, οὐ καθαρὰν εἶναι τὴν ἐν τῇ Σικελίᾳ κρήνην, ἀλλὰ ῥεῖν ὄνθῳ. (2) φησὶν δὲ καὶ φιάλην ποτ' εἰς τὸν Ἀλφειὸν ἐμβληθεῖσαν ἐν ἐκείνῃ φανῆναι. τοῦτο δ' ἱστορεῖ καὶ Τίμαιος.

141. Θεόπομπον δέ φησιν γράφειν τῆς μὲν ἐν Κίγχρωψιν τοῖς Θρᾳξὶν τὸν ἀπογευσάμενον τελευτᾶν εὐθύς.

142. (1) ἐν Σκοτούσσῃ δ' εἶναι κρήνην ἰδίαν οὐ μόνον ἀνθρώπων ἕλκη, ἀλλὰ καὶ βοσκημάτων ὑγιάζειν δυναμένην. (2) κἂν ξύλον δὲ σχίσας ἢ θραύσας ἐμβάλῃς, συμφύειν.

143. ἐκ δὲ τῆς περὶ Χαονίαν, ὅταν ἀφεψηθῇ τὸ ὕδωρ, ἅλας γίνεσθαι.

144. τῶν δ' ἐν Ἄμμωνι κρηνῶν λέγειν Ἀριστοτέλη, ὅτι τὴν μὲν Ἡλίου γε νομιζομένην μέσων μὲν νυκτῶν καὶ μεσημβρίας γίγνεσθαι θερμήν, ἕωθεν δὲ καὶ δείλης καθαπερεὶ κρύσταλλον, ἡ δ' ἄλλη Διὸς ὅτι καταφαίνοντος μὲν ἡλίου πιδύει, ἐπὶ δυσμαῖς δ' ἰόντος ἵσταται.

145. Κτησίαν δὲ τὴν ἐν Αἰθιοπίᾳ τὸ μὲν ὕδωρ ἔχειν ἐρυθρόν, ὡσανεὶ κιννάβαρι, τοὺς δ' ἀπ' αὐτῆς πιόντας παράφρονας γίνεσθαι. τοῦτο δ' ἱστορεῖ καὶ Φίλων ὁ τὰ Αἰθιοπικὰ συγγραψάμενος.

140. (1) Die Arethusa in Syrakus hat, wie Pindar (*Nemeïsche Oden* 1, 1) und andere erzählen, ihre Quelle im Alpheios in Elis. Deshalb ist die Quelle in Sizilien, wenn sie während der Olympischen Spiele die Eingeweide der Opfer im Fluss wäscht, nicht rein, sondern fließt mit Dung. (2) Er sagt auch, dass eine Schale, die einmal in den Alpheios geworfen wurde, in der Arethusa erschien. Auch davon berichtet Timaios (FGrHist 566 F 41a).

141. Er sagt, dass Theopompos (FGrHist 115 F 270a) schreibt, dass jeder, der von der Quelle im Land der Kinchropes in Thrakien kostet, auf der Stelle stirbt.

142. (1) In Skotussa gibt es eine einzigartige Quelle, die nicht nur bei Menschen, sondern auch beim Vieh Geschwüre heilen kann. (2) Und wenn man gespaltenes oder zerbrochenes Holz hineinwirft, wächst es zusammen. (Theopompos FGrHist 115 F 271a)

143. Aus der Quelle in Chaonia wird Salz gewonnen, wenn das Wasser abgekocht wird. (Theopompos FGrHist 115 F 272)

144. Er sagt, dass Aristoteles (*Frg.* 531 Rose) von den Quellen in Hammon sagt, dass eine von ihnen als der Sonne zugehörig betrachtet wird: Sie wird um Mitternacht und Mittag heiß, obwohl sie in der Morgendämmerung oder am Abend wie Eis ist. Die andere gehört zu Zeus und sprudelt hervor, wenn die Sonne sichtbar ist, versiegt aber bei ihrem Untergang.

145. Er sagt, dass Ktesias (FGrHist 668 F 1,11) berichtet, dass die Quelle in Aithiopien rotes Wasser hat, als wäre es Zinnober, und dass diejenigen, die daraus trinken, verrückt werden. Dies wird auch von Philon (FGrHist 670 F 1) erzählt, der die *Aithiopika* geschrieben hat.

146. τὴν δ' ἐν τοῖς Ἰνδικοῖς κρήνην Σίλαν οὐδὲ τὸ κουφότατον τῶν βληθέντων ἐᾶν ἐπινεῖν, ἀλλὰ πάντα καθέλκειν. καὶ ταῦτα δὲ πλείους εἰρήκασιν καὶ ἐπὶ πλειόνων ὑδάτων.

147. Εὔδοξον δ' ἱστορεῖν τὴν μὲν ἐν Καλχηδόνι κορκοδείλους ἐνναίειν μικροὺς ὁμοίους τοῖς ἐν Αἰγύπτῳ.

148. περὶ δὲ τὴν Ἀθαμανίαν ἱερὸν εἶναι Νυμφῶν, ἐν ᾧ τὴν κρήνην τὸ μὲν ὕδωρ ἔχειν ἄφατον ὡς ψυχρόν, ὃ δ' ἂν ὑπερθῇς αὐτοῦ θερμαίνειν· ἐὰν δέ τις φρύγανον ἢ ἄλλο τι τῶν τοιούτων προσενέγκῃ, μετὰ φλογὸς καίεσθαι.

149. κατὰ δὲ τὴν Ἀραβίαν ἐν πόλει Λευκοθέᾳ Ἀμώμητόν φησιν γράφειν, τὸν πραγματευθέντα τὸν ἐκ Μέμφεως ἀνάπλουν, εἰς τὴν καλουμένην Ἴσιδος κρήνην ἄν τις οἴνου ἐπιχέῃ κοτύλην, διότι γίγνεται τὸ ποτὸν εὔκρατον.

150. (1) περὶ δὲ λιμνῶν Κτησίαν μὲν ἱστορεῖν λέγει, τῶν ἐν Ἰνδοῖς λιμνῶν τὴν μὲν τὰ εἰς αὐτὴν ἀφιέμενα κάτω οὐ δέχεσθαι, καθάπερ τὴν ἐν Σικελίᾳ καὶ Μήδοις, πλὴν χρυσίον καὶ σίδηρον καὶ χαλκόν, καὶ ἄν τι ἐμπέσῃ πλάγιον, ὀρθὸν ἐκβάλλειν. (2) ἰᾶσθαι δὲ τὴν καλουμένην λεύκην. (3) τῇ δ' ἑτέρᾳ κατὰ τὰς εὐδιαζούσας ἡμέρας ἐπιπολάζειν ἔλαιον.

151. Ξενόφιλον δὲ ἐν μὲν τῇ πλησίον Ἰόππης οὐ μόνον ἐπινήχεσθαι πᾶν βάρος, ἀλλὰ καὶ παρὰ τρίτον ἔτος φέρειν ὑγρὰν ἄσφαλτον· ὅταν δὲ γίγνηται τοῦτο, παρὰ τοῖς ἐντὸς τριάκοντα σταδίων οἰκοῦσιν κατιοῦσθαι χαλκώματα.

146. Die Quelle Sila in Indien lässt nicht einmal die leichtesten Dinge oben schwimmen, sondern zieht alles nach unten. Viele andere haben über diese Dinge gesprochen und über noch mehr Gewässer. (Ktesias FGrHist 668 F 47)

147. Er sagt, dass Eudoxos (*Frg.* 331 Lasserre) berichtet, dass kleine Krokodile, wie die in Ägypten, in der Quelle in Chalkedon leben.

148. In Athamania gibt es ein Heiligtum für die Nymphen, dessen Quelle unsagbar kaltes Wasser hat, das aber heiß wird, wenn man etwas darauflegt, und das sich entzündet, wenn man einen trockenen Stock oder etwas anderes in dieser Art hinaufbringt. (Eudoxos, *Frg.* 351 Lasserre)

149. In Arabien, in der Stadt Leukothea, sagt er, dass Amometos – der die Hinauffahrt (nilaufwärts) von Memphis verfasst hat (FGrHist 645 F1a) – schreibt, dass, wenn man einen Becher Wein in die sogenannte Quelle der Isis gießt, man dadurch einen gut gemischten Trank erhält.

150. (1) Er sagt, dass Ktesias (FGrHist 668 F 45s) über Teiche berichtet, dass es in Indien einen Teich gibt, der das, was hineingeworfen wird, nicht aufnimmt – genau wie die Teiche in Sizilien und Medien –, es sei denn, es handelt sich um Gegenstände aus Gold, Eisen oder Bronze; und wenn etwas schräg hineinfällt, wird es gerade nach oben hinausgeworfen. (2) Es heilt die sogenannte »weiße« (Krankheit). (3) In einem anderen schwimmt an windstillen Tagen Öl obenauf.

151. Er sagt, dass Xenophilos (FGrHist 767 F 1) berichtet, dass im Frühling in der Nähe von Ioppe nicht nur ein Gegenstand von beliebigem Gewicht schwimmt, sondern dass er jedes dritte Jahr flüssigen Asphalt trägt: Jedes Mal, wenn dies geschieht, werden die bronzenen Gegenstände derer, die im Umkreis von 30 Stadien (à 600 Fuß) wohnen, matt.

152a. τὴν δὲ ἐν τοῖς Σαρμάταις λίμνην Ἡρακλείδην γράφειν, ὅτι οὐδὲν τῶν ὀρνέων ὑπεραίρειν, τὸ δὲ προσελθὸν ὑπὸ τῆς ὀσμῆς τελευτᾶν.

152b. (1) ὃ δὴ καὶ περὶ τὴν Ἄορνίν τι δοκεῖ γίγνεσθαι καὶ κατίσχυκεν ἡ φήμη παρὰ τοῖς πλείστοις. (2) ὁ δὲ Τίμαιος τοῦτο μὲν ψεῦδος ἡγεῖται εἶναι· τὰ πλεῖστα γὰρ κατατυχεῖν τῶν εἰθισμένων παρ' αὐτῇ διαιτᾶσθαι· ἐκεῖνο μέντοι λέγει, διότι συνδένδρων τόπων ἐπικειμένων αὐτῇ καὶ πολλῶν κλάδων καὶ φύλλων διὰ πνεύματα τῶν μὲν κατακλωμένων, τῶν δὲ ἀποσειομένων, οὐθέν ἐστιν ἰδεῖν ἐπ' αὐτῇ ἐφεστηκός, ἀλλὰ διαμένειν καθαράν.

153. ἐκ δὲ τῆς ἐν Ζακύνθῳ λίμνης φησὶν Εὔδοξον ἱστορεῖν, ὅτι ἀναφέρεται πίσσα, καίτοι παρεχούσης αὐτῆς ἰχθῦς· ὅ τι δ' ἂν ἐμβάλῃς εἰς ταύτην, ἐπὶ θαλάττης φαίνεσθαι τεττάρων ὄντων ἀνὰ μέσον σταδίων.

154. Λύκον δὲ περὶ τὴν ἐν Μύλαις τῆς Σικελίας δένδρα φύεσθαι, διὰ μέσης δ' αὐτῆς ἀναθεῖν ὕδωρ τὸ μὲν ψυχρόν, τὸ δὲ τοὐναντίον.

155. Φανίαν δὲ τὴν τῶν †Πυράκων† λίμνην, ὅταν ἀναξηρανθῇ, κάεσθαι.

156. καὶ τὴν Ἀσκανίαν πότιμον οὖσαν τὸ προσενεχθὲν αὐτῇ πλύνειν ἄνευ ῥύμματος, ἐὰν ἐαθῇ δ' ἐν αὐτῇ πλείω χρόνον, διαπίπτειν αὐτόματον.

157. περὶ δὲ τὴν ἐν Κιτίῳ φάσκειν Νικαγόραν, ὅτι ἀνιμηθείσης ἐπ' ὀλίγον τῆς γῆς ἅλες εὑρίσκονται.

152a. Er sagt, dass Herakleides (Pontikos, *Frg.* 158b Wehrli) über das Becken bei den Sarmaten schreibt, dass kein Vogel darüber fliegt und dass jeder, der sich nähert, an dem Geruch stirbt.

152b. (1) In der Tat scheint sich dies auch in der Gegend von Aornis zu ereignen, und die Legende ist bei den meisten Leuten verbreitet. (2) Doch Timaios (FGrHist 566 F 57) hält dies für falsch, denn die meisten Vögel, die sich an den Aornis gewöhnt haben, führen ihr Leben erfolgreich. Er sagt aber, dass, weil ein dicht bewaldetes Gebiet an ihn grenzt und von den vielen Ästen und Blättern jeweils einige vom Wind abgebrochen oder abgeschüttelt werden, nichts auf dem See zu sehen ist, sondern er klar bleibt.

153. Er sagt, dass Eudoxos (*Frg.* 368 Lasserre) erzählt, dass das Pech aus dem Teich von Zakynthos heraufgetragen wird, obwohl er doch Fische liefert; wenn man etwas hineinwirft, erscheint es auf dem Meer, obwohl 4 Stadien (à 600 Fuß) dazwischen liegen.

154. Er sagt, dass Lykos (FGrHist 570 F 10) sagt, dass um den Teich von Mylai in Sizilien Bäume wachsen und dass in der Mitte des Teiches Wasser aufsteigt, das manchmal kalt ist und manchmal das Gegenteil.

155. Er sagt, dass Phanias (FGrHist 2012 = Phainias Frg. 34 Wehrli) über das Becken der †Pyrakoi† sagt, dass es, wenn es austrocknet, brennt.

156. Alles, was in den See Askanien gebracht wird, was trinkbar ist, kann ohne Seife gewaschen werden, aber wenn es zu lange darin bleibt, zerfällt es von selbst.

157. Er sagt, dass Nikagoras (FGrHist 2032) vom Teich in Kition behauptet, dass man Salz findet, wenn man die Erde aus einer geringen Tiefe hochzieht.

158. (1) περὶ τῶν [αὐτῶν] ὑδάτων Θεόφραστόν φησι τὸ καλούμενον Στυγὸς ὕδωρ λέγειν, ὅτι ἐστὶν ἐν Φενεῷ, στάζει δ' ἔκ τινος πετριδίου· τοὺς δὲ βουλομένους αὐτοῦ ὑδρεύεσθαι σπόγγοις πρὸς ξύλοις δεδεμένοις λαμβάνειν (2) διακόπτειν δὲ πάντα τὰ ἀγγεῖα πλὴν τῶν κερατίνων. (3) τὸν δὲ ἀπογευσάμενον τελευτᾶν.

159. (1) ἐν δὲ τῇ Λεοντίνων ἱστορεῖν Λύκον τοὺς ὀνομαζομένους <Δέλλους> ἀναζεῖν μὲν ὡς θερμότατον τῶν ἑψομένων, τὰς δὲ πηγὰς ἔχειν ψυχράς. (2) τῶν δὲ πλησιαζόντων αὐτοῖς τὸ μὲν τῶν ὀρνίθων γένος ἀποθνῄσκειν εὐθύς, τοὺς δὲ ἀνθρώπους μετὰ τρίτην ἡμέραν.

160. (1) ὅμοιον δὲ τούτῳ καὶ τὸ περὶ τὸν Κῷον Χυτρῖνον γίνεσθαι· καὶ γὰρ ἐκεῖνον ἀτμὸν μὲν ἐκβάλλειν καὶ ποιεῖν ἔμφασιν τοῦ ζεῖν, τὰ δὲ καθειμένα καθ' ὑπερβολὴν ψύχειν.

161. (1) εἶναι δὲ παρὰ τοῖς Κῴοις καὶ ἄλλο τι ῥευμάτιον, ὃ πάντας τοὺς ὀχετούς, ὅθεν διαρρεῖ, λίθους πεποίηκεν. (2) τοῦτο δὲ καὶ Εὔδοξος καὶ Καλλίμαχος παραλείπουσιν, ὅτι ἐκ τοῦδε τοῦ ὕδατος οἱ Κῷοι λίθους λατομήσαντες ᾠκοδόμησαν τὸ θέατρον· οὕτως ἰσχυρῶς ἀπολιθοῦται πᾶν γένος.

162. λέγειν δὲ τὸν Εὔδοξον καὶ περὶ τῶν ἐν τῇ Πυθοπόλει φρεάτων, ὅτι παραπλήσιόν τι τῷ Νείλῳ πάσχουσιν· τοῦ μὲν γὰρ θέρους ὑπὲρ τὰ χείλη πληροῦσθαι, τοῦ δὲ χειμῶνος οὕτως ἐκλείπειν, ὥστε μηδὲ βάψαι ῥᾴδιον εἶναι.

163. καὶ περὶ τοῦ κατὰ τὴν Κρήτην ὑδατίου, οὗ οἱ ὑπερκαθίζοντες, ὅταν ὑετὸς ᾖ, διατελοῦσιν ἄβροχοι· παρα-

158. (1) Von denselben Gewässern sagt er, dass Theophrastos (*Frg.* 160 Wimmer) von dem sogenannten »Wasser des Styx« sagt, dass es in Pheneus ist und dass es aus einem Felsen rinnt, und dass diejenigen, die daraus Wasser schöpfen wollen, Schwämme halten, die an Holzstücken befestigt sind. (2) Es zerbricht alle Gefäße außer denen aus Horn. (3) Wer von ihm kostet, der stirbt.

159. (1) Er sagt, dass Lykos (FGrHist 570 F 11a) berichtet, dass das Wasser mit dem Namen ‹*Delloi*› in Leontinoi sprudelt, als wäre es das heißeste kochende Material, aber die Quellen kalt sind. (2) Von denen, die in die Nähe des Wassers kommen, sterben die Vögel sofort, während die Menschen erst am dritten Tag sterben.

160. Dasselbe geschieht mit den (Wassern des) Chytrinos in Kos, denn obwohl sie einen Dampf ausstoßen und den Anschein des Siedens erwecken, sind die darunter liegenden Gewässer äußerst kalt.

161. (1) Es gibt auch einen anderen Strom in Kos, der alle Rinnen, durch die er fließt, in Stein verwandelt hat. (2) Sowohl Eudoxos (*Frg.* 50 Brandes) als auch Kallimachos lassen die Tatsache außer Acht, dass dieses Wasser so sicher alles versteinert, dass die Koër daraus Steine für den Bau ihres Theaters gewannen.

162. Er sagt, dass Eudoxos (*Frg.* 333 Lasserre) auch über die Brunnen in Pythopolis schreibt, dass sie etwas Ähnliches erleben wie der Nil. Im Sommer nämlich treten sie über die Ufer, aber im Winter ziehen sie sich so weit zurück, dass es nicht leicht ist, einen Eimer in sie zu tauchen.

163. Und was den kleinen Bach auf Kreta betrifft, so bleiben diejenigen, die über ihm sitzen, wenn es regnet, trocken: Die Überlieferung der Kreter besagt, dass Europa sich in

δεδόσθαι δὴ τοῖς Κρησὶν ἀπ' ἐκείνου λούσασθαι τὴν Εὐρώπην ἀπὸ τῆς τοῦ Διὸς μίξεως.

164. ἐν δὲ Λυγκήσταις Θεόπομπον φάσκειν τι εἶναι ὕδωρ ὀξύ· τοὺς δὲ ἐκ τούτου πίνοντας ὥσπερ ἀπὸ τῶν οἴνων ἀλλοιοῦσθαι. καὶ τοῦθ' ὑπὸ πλειόνων μαρτυρεῖται.

165. τὸ δ' ἐκ τῆς πέτρας Ἀρμενίων ἐκπίπτον Κτησίαν ἱστορεῖν, ὅτι συμβάλλει ἰχθῦς μέλανας, ὧν τὸν ἀπογευσάμενον τελευτᾶν.

166. περὶ δὲ πυρὸς Κτησίαν φησὶν ἱστορεῖν, ὅτι περὶ τὴν τῶν Φασηλιτῶν χώραν ἐπὶ τοῦ τῆς Χιμαίρας ὄρους ἔστιν τὸ καλούμενον ἀθάνατον πῦρ· τοῦτο δέ, ἐὰν μέν τις ὕδωρ ἐμβάλῃ, καίεσθαι βελτίον, ἐὰν δὲ φορυτὸν ἐπιβαλὼν πήξῃ τις, σβέννυσθαι.

167. παραπλήσιον δὲ τούτῳ ὁρᾶται γινόμενον ἐπὶ ἁλός· ἐδωρήσατο γὰρ ἡμῖν Σικελὸς ξένος τοιοῦτον, ὃς ἐν μὲν τῷ πυρὶ ἐτήκετο, ἐν δὲ τῷ ὕδατι ἥλλετο. ‹…›

168. περὶ δὲ λίθων τὸν αὐτὸν τοῦτον λέγειν, τὸν παρὰ τοῖς Βοττιαίοις ἐν Θρᾴκῃ γινόμενον, ὅταν ὁ ἥλιος προσβάλλῃ, πῦρ ἐξ αὐτοῦ ἐκθυμιᾶσθαι. ἐκεῖ λίθους δ' εἶναι παρεχομένους μὲν τὴν τῶν ἀνθράκων χρείαν, διαμένοντας ‹δ'› ἀφθάρτους, κἂν σβέσῃ τις πάλιν, ‹ὡς› ἐπικεχειρήκασιν, τὴν αὐτὴν ἐνέργειαν συντελεῖν.

169. (1) περὶ δὲ φυτῶν τῆς ἀκάνθης εἶδος Ἀριστοτέλην φάσκειν περὶ τὴν Ἐρύθειαν εὑρίσκεσθαι διαποίκιλον τὴν χρόαν, ἐξ οὗ πλῆκτρα γίνεσθαι. (2) Τίμων δὲ ὁ κιθαρῳδὸς εἶχεν καὶ ἐπεδείκνυεν πολλοῖς, φάσκων αὐτῷ τὸν διδάσκαλον

ihm gewaschen hat, nachdem sie mit Zeus verkehrt hatte. (Eudoxos, *Frg.* 366 Lasserre)

164. Er sagt, dass Theopompos (FGrHist 115 F 278b) behauptet, dass es in Lynkestis ein saures Wasser gibt, und dass diejenigen, die davon trinken, verwandelt werden, als hätten sie Wein getrunken. Dies wird von vielen bezeugt.

165. Er sagt, dass Ktesias (FGrHist 668 F 61a) von dem Wasser, das in Armenien vom Felsen fällt, berichtet, dass es schwarze Fische hervorbringt, an denen jeder, der sie isst, stirbt.

166. Er sagt, dass Ktesias (FGrHist 668 F 45e) über das Feuer berichtet, dass es in der Gegend von Phaselis auf dem Berg Chimaira das sogenannte unsterbliche Feuer gibt und dass dieses, wenn man Wasser hineinwirft, besser brennt, aber wenn man es erstarren lässt, indem man Unrat hineinwirft, wird es ausgelöscht.

167. Ähnlich verhält es sich mit dem Salz; ein sizilianischer Gastfreund schenkte mir nämlich ein solches Salz, das sich im Feuer auflöste, aber im Wasser herumsprang. ‹…›

168. Was die Steine betrifft, so sagt er, dass derselbe Schriftsteller sagt, dass es bei den Bottiaiern in Thrakien eine Art gibt, von der, wenn sie von der Sonne getroffen wird, Feuer in Dämpfen abgegeben wird. Es gibt dort Steine, welche die Funktion von Kohle haben, aber unbeeinträchtigt bleiben, und wenn man sie wieder löscht – was man versucht hat –, führen sie dieselbe Funktion aus.

169. (1) Er sagt, dass Aristoteles (*Frg.* 269 Rose) in Bezug auf die Pflanzen behauptet, dass es in Erytheia eine Gattung von Dornen gibt, die eine mehrfarbige Haut hat, aus der Plektren gemacht werden. (2) Timon, der Kitharoide, hatte einige davon und zeigte sie vielen, wobei er behauptete, dass

Ἀριστοκλῆν δεδωρῆσθαι, εἶναι δ' αὐτῶν τὴν ἁφὴν ἐν τῇ χρείᾳ σκληράν.

170. περὶ δὲ Θεσπρωτοὺς ἐκ τῆς γῆς ἄνθρακας ὀρύττεσθαι δυναμένους κάεσθαι Θεόπομπόν φησιν καταγράφειν.

171. (1) Φανίαν δὲ κατά τινας τόπους τῆς Λέσβου καὶ περὶ τῶν Νεανδριέων τὰς βώλους πρὸς τὰς τῶν ὄψεων παθήσεις γίνεσθαι [καὶ] χρησίμας. (2) καὶ εἰς ὕδωρ ἐμβληθείσας οὔτε καταδύνειν οὔτε κατατήκεσθαι. (3) ὑπὸ τοῦτο τὸ γένος πίπτοι ἂν καὶ ἐν Πιτάνῃ πλίνθος ἡ λεγομένη ἐπιπλεῖν.

172. (1) περὶ δὲ τῶν ζῴων Λύκον μὲν ἐν τῇ Διομηδείᾳ τῇ νήσῳ φησὶν ἱστορεῖν τοὺς ἐρωδιοὺς ὑπὸ μὲν τῶν Ἑλλήνων, ὅταν παραβάλλῃ τις εἰς τοὺς τόπους, οὐ μόνον ψαυομένους ὑπομένειν, ἀλλὰ καὶ προσπετομένους εἰς τοὺς κόλπους ἐνδύνειν καὶ σαίνειν φιλοφρόνως ‹...› (2) λέγεσθαι δέ τι τοιοῦτον ὑπὸ τῶν ἐγχωρίων, ὡς τῶν τοῦ Διομήδους ἑταίρων εἰς τὴν τῶν ὀρνέων τούτων φύσιν μετασχηματισθέντων.

173. τοὺς δὲ περὶ τὸν Ἀδρίαν ἐνοικοῦντας Ἐνετοὺς Θεόπομπον φάσκειν κατὰ τὸν σπόρου καιρὸν τοῖς κολοιοῖς ἀποστέλλειν δῶρα, ταῦτα δ' εἶναι ψαιστὰ καὶ μάζας. προθέντας δὲ τοὺς ταῦτα κομίζοντας ἀποχωρεῖν, τῶν δὲ ὀρνέων τὸ μὲν πλῆθος ἐπὶ τοῖς ὁρίοις μένειν τῆς χώρας συνηθροισμένον, δύο δ' ἢ τρεῖς προσπτάντας καὶ καταμαθόντας ἀφίπτασθαι πάλιν καθάπερεί τινας πρέσβεις ἢ κατασκόπους. ἐὰν μὲν οὖν τὸ πλῆ‹θος ...›'

sein Lehrer Aristokles sie ihm geschenkt habe und dass sie beim Gebrauch die Saiten hart berührten.

170. Er sagt, dass Theopompos (FGrHist 115 F 273) schreibt, dass in Thesprotien Kohlen aus der Erde ausgegraben werden, die sich entzünden lassen.

171. (1) Er sagt, dass Phanias (FGrHist 2012 = Phainias, *Frg.* 35 Wehrli) berichtet, dass an bestimmten Orten auf Lesbos und in Neandria Erdklumpen für Augenleiden nützlich sind; (2) wenn man sie ins Wasser wirft, versinken sie nicht und lösen sich auch nicht auf. (3) In dieselbe Kategorie fällt die Art von Ziegeln in Pitane, von denen gesagt wird, dass sie schwimmen.

172. (1) Er sagt, dass Lykos (FGrHist 570 F 6) in Bezug auf die Tiere berichtet, dass auf der Insel Diomedeia die Reiher die Berührung eines Griechen, der sich ihnen nähert, nicht nur ertragen, sondern sogar zu ihm hinfliegen, sich in seine Brust sinken lassen und freundlich kraulen ‹…› (2) und dass die Eingeborenen etwas Ähnliches sagen wie das, dass die Gefährten des Diomedes in die Gestalt dieser Vögel verwandelt worden sind.

173. Er sagt, dass Theopompos (FGrHist 115 F 274a) von den Enetern, die am Adriatischen Meer wohnen, behauptet, dass sie zur Zeit der Aussaat den Dohlen Geschenke in Form von gemahlenen Gerstenkuchen schicken. Wenn diejenigen, die die Kuchen gebracht haben, sie absetzen, ziehen sie sich zurück, und während die Masse der Vögel an den Grenzen des Landes verharrt, fliegen zwei oder drei von ihnen vorwärts und untersuchen die Gaben und fliegen dann zurück, als wären sie Botschafter oder Späher. Wenn also die Menge ‹…›

Anhang

Editionen und Übersetzungen der *Sammlung sonderbarer Geschichten*

Xylander, Guilelmus: Antonini Liberalis transformationum congeries. Phlegontis Tralliani de Mirabilibus & longaevis Libellus. Eiusdem De Olympijs fragmentum. Apollonii Historiae mirabiles. Antigoni Mirabil. narrationũ congeries. M. Antonini Philosophi Imp. Romani, de vita sua Libri XII. ab innumeris ... mendis repurgati, et nunc demum verè editi. Graecè Latine'q; omnia, Guil. Xylandro August. interprete: cum Annotationibus & Indice, Basel 1568 (VD16 A 2960; erste Druckausgabe, mit lateinischer Übersetzung)

Westermann, Anton: Παραδοξόγραφοι. Rerum Mirabilium Scriptores Graeci, Braunschweig 1839

Keller, Otto: Rerum Naturalium Scriptores Graeci Minores, Bd. 1, Leipzig 1877

Giannini, Alexander: Paradoxographorum Graecorum reliquiae (Classici greci e latini, sez. testi e commenti 3), Milano 1966 (mit lateinischer Übersetzung)

Musso, Olimpio: Rerum mirabilium collectio (Byzantina et Neo-Hellenica Neapolitana 12), Napoli 1986

Gómez Espelosin, Francisco Javier: Antígono, in: Ders. (Hg.): Paradoxógrafos griegos (Biblioteca clásica Gredos 222), Madrid 1996, 63–107 (spanische Übersetzung)

Editionen der in der *Sammlung* angeführten Werke

FGrHist bezieht sich auf die von Felix Jacoby begründete Sammlung *Die Fragmente der griechischen Historiker* (s. o. S. 16)

Aischylos – Radt, Stefan: Tragicorum Graecorum Fragmenta, Bd. 3, Göttingen 1985

Alkman – Page, Denys L. / Davies, Malcolm: Poetarum Melicorum Graecorum Fragmenta, Bd. 1, Oxford 1991

Amelesagoras von Athen – FGrHist 330
Antigonos von Karystos – Dorandi, Tiziano: Antigone de Caryste. Fragments (Collection des universités de France, série grecque 393) Paris 1999 (nur die echten Werkfragmente)
Archelaos – Lloyd-Jones, Hugh / Parsons, Peter: Supplementum Hellenisticum (Texte und Kommentare 11) Berlin / New York 1983
Aristoteles, *Tierkunde* – Aristoteles, Zoologische Schriften I: Historia Animalium (Aristoteles Werke in deutscher Übersetzung 16, Berlin seit 2013). Bisher erschienen: Buch I und II (Stephan Zierlein) 2013, Buch V (Katharina Epstein) 2019, Buch VIII und IX (Stefan Schnieders) 2019 – *Fragmente* – Rose, Valentin: Aristotelis qui ferebantur librorum fragmenta, 3. Aufl. Leipzig 1886
Eudoxos – Lasserre, François: Die Fragmente des Eudoxos von Knidos (Texte und Kommentare 4), Berlin 1966
Hellanikos von Lesbos – FGrHist 4
Herakleides – Wehrli, Fritz: Herakleides Pontikos (Die Schule des Aristoteles 7), 2. Aufl. Basel 1969; Schütrumpf, Eckart: Heraclides of Pontus, New Brunswick 2008
Herodoros – FGrHist 31
Herodot – Brodersen, Kai / Ley-Hutton, Christine: Herodot, Historien (Reclam Universal-Bibliothek), Stuttgart 2019
Hesiod – Halloff, Klaus und Luise: Hesiod, Werke (Bibliothek der Antike), Berlin 1994
Hippys von Rhegion – FGrHist 554
Homer – Ebener, Dietrich: Homer, Werke in zwei Bänden (Bibliothek der Antike), 2. Aufl. Berlin und Weimar 1976
Kallimachos – Pfeiffer, Rudolf: Callimachus, 2 Bde. Oxford 1949–1953
Ktesias von Knidos – FGrHist 688
Lykos von Rhegion – FGrHist 570
Megasthenes – FGrHist 715
Myrsilos von Lesbos – FGrHist 477
Nikagoras – FGrHist 2032
Phanias (Phainias) – Wehrli, Fritz: Phainias von Eresos. Chamaileon. Praxiphanes (Die Schule des Aristoteles 9), 2. Aufl. Basel 1969 – FGrHist 2012
Philetas (Philitas) – Powell, John U.: Collectanea Alexandrina, Oxford 1925 – Lightfoot, Jane L.: Hellenistic Collection. (Loeb Classical Library 508), Cambridge Mass. 2010
Philoxenos – Page, Denys L.: Poetae Melici Graeci, Oxford 1962

Polykritos von Mende – FGrHist 559
Samische Annalen – FGrHist 544
Thebaïs – Davies, Malcom: Epicorum Graecorum fragmenta, Göttingen 1988
Theophrast – Wimmer, Christian Friedrich Heinrich: Theophrasti Eresii opera quae supersunt omnia, 2. Ausg. Paris 1866
Theopompos von Chios – FGrHist 115
Timaios von Tauromenion – FGrHist 566
Xenophilos – FGrHist 767

Studien zur *Sammlung sonderbarer Geschichten*

Bartoňková, Dagmar: Il prosimetrum nella paradossografia greca, in: Sborník Prací Filosofické Fakulty Brnenské University 3–4 (1998–1999) 63–67
Coppola, Alessandra: Plin. Nat. XXXI 17 e Lico di Reggio, in: Kokalos 46 (2000) 249–251 (zu 139)
Dorandi, Tiziano: Antigonos von Karystos (1881), in: Calder, William Musgrave u. a. (Hgg.): Wilamowitz in Greifswald (Spudasmata, 81), Hildesheim, 586–604
Geus, Klaus / King, Colin Guthrie: Paradoxography, in: Keyser, Paul T. / Scarborough, John (Hgg.): Oxford Handbook of Science and Medicine in the Classical World, Oxford 2018, 431–444
Giannini, Alexander.: Studi sulla paradossografia greca I: Da Omero a Callimaco, in: Rendiconti dell'Istituto Lombardo, Accademia di Scienze e Lettere 97 (1963) 247–266
– Studi sulla paradossografia greca II, in: Acme 17 (1964) 99–140
Gutschmid, Alfred von: Die Heidelberger Handschrift der Paradoxographen (Pal. Gr. 398), in: Neue Heidelberger Jahrbücher 1 (1891) 227–237; wieder in Ders.: Kleine Schriften, Bd. 4, Leipzig 1893, 590–603
Hommel, Hildebrecht: Alkmans Eisvogelverse (fr. 94 D.). Plaidoyer für ein Stück Poesie, in: Gymnasium 85 (1978) 387–407 (zu 23)
Jacob, Christian: De l'art de compiler à la fabrication du merveilleux. Sur la paradoxographie grecque, in: Lalies 2 (1983) 121–140
Köpke, Reinhold: De Antigono Carystio, Diss. Berlin 1862
Kousoulini, Vasiliki: Alcman in Pergamon, in: Acta Classica (Südafrika) 60 (2017) 178–187 (zu 23)

Lapini, Walter: [Antigono Caristio], Rerum mirabilium collectio 20, in: Sileno 30 (2004) 207–209 (zu 20)

Lenfant, Dominique: Le feu immortel de Phasélis et le prétendu volcan Chimère, in: Wiesehöfer, Josef / Rollinger Robert / Lanfranchi, Giovanni B. (Hgg.): Ktesias' Welt / Ctesias' World (Classica et Orientalia 1), Wiesbaden 2011, 225–246 (zu 166)

Lightfoot, Jessica: Wonder and the Marvellous from Homer to the Hellenistic World, Cambridge 2021

Lobel, Edgar: Trivialities of Greek History, in Classical Quarterly 21 (1927) 50–51 (zu 120: Mythietai war Anakreons Begriff für die nach einer Stasis herrschende Gruppe in Samos)

Lucarini, Carlo Martino: Note critiche ai Paradoxographi Graeci, in: Bollettino dei Classici Ser. 3a 24 (2003) 87–92 (zu 5, 7, 121, 152)

Musso, Olimpio: Un nuovo frammento di Ecateo Milesio, in: Athenaeum 51 (1973) 409–410 (zu 128a)

– Sulla strultura del cod. Pal. Gr. 398 e deduzioni storico-letterarie, in: Prometheus 2 (1976) 1–10

– Citazioni poetiche nello pseudo-Antigono, in: Prometheus 5 (1979) 83–90 (zur Bedeutung für die Überlieferung von Lyrik)

Nebert, Reinhold: Studien zu Antigonos von Karystos I: Untersuchungen über die ἱστοριῶν παραδόξων συναγωγή des Antigonos, in: Neue Jahrbücher für Philologie und Pädagogik 65.151 (1895) 363–375

Pajón Leyra, Irene: Le anomalie della crescita come materia di paradossografia, in: Giorgianni, Franco / Li Causi, Pietro u. a. (Hgg.): Crescere / svilupparsi: teorie e rappresentazioni fra mondo antico e scienze della vita contemporanee (GenerAzioni 4), Palermo 2020, 207–224

Schepens, Guido / Delcroix, Kris: Ancient Paradoxography: Origin, Evolution, Production and Reception, in: Pecere, Oronzo / Stramaglia, Antonio (Hgg.): La letteratura di consumo nel mondo greco-latino, Cassino 1996, 375–460

Stramaglia, Antonio: Res Inauditae, Incredulae. Storie di fantasmi nel mondo greco-latino (Le Rane Studi 24), Bari 1999

Vergados, Athanassios: The Homeric Hymn to Hermes 51 and Antigonus of Carystus, in: Classical Quarterly N. S. 57 (2007) 737–742 (zu 51)

Wilamowitz-Moellendorff, Ulrich von: Antigonos von Karystos, Berlin 1881

Ziegler, Konrat: Paradoxographoi, in: Paulys Real-Encyclopädie der Classischen Altertumswissenschaften, Bd. 18.3, Stuttgart 1949, 1137–1166

Register